Edna Hong

Tal der Liebe

Ein Junge entdeckt das Leben

R. Brockhaus Verlag Wuppertal

© 1976 Augsburg Publishing House, Minneapolis
Originaltitel der amerikanischen Ausgabe:
»Bright Valley of Love«

Deutsche Übersetzung von Regine Wolf

15., geringfügig bearbeitete Auflage 2001
82.–88. Tausend

© der deutschen Ausgabe:
R. Brockhaus Verlag Wuppertal 1977/2001

Umschlag: Ursula Stephan, Wetzlar
Satz: Graphische Werkstätten Lehne GmbH, Grevenbroich
Druck und Bindung: AIT Trondheim, Norwegen
ISBN 3-417-21925-6
Bestell-Nr. 221 925

INHALT

Wie dieses Buch entstand 5

Einleitung 7

»Der taugt zu nichts« 9

Haus Patmos 17

Liebe ist die beste Medizin 24

Die Sprache des Lobpreises 35

Alles hat einen Knacks 46

Ich kann lesen! 63

Beflügelter Glaube 72

Zur Ehre Gottes 85

Die widerwärtigste Zeit 102

Das unvergängliche Königreich 126

Nachwort 155

*Gewidmet
dem Gedächtnis unseres Patenkindes
Dorothee Funke (†)
Tochter des früheren Leiters
der v. Bodelschwinghschen Anstalten
(Bethel, Sarepta, Nazareth)
Pastor Alex Funke*

Wie dieses Buch entstand

Dieses Buch verdanken wir einer Frau, die zuhören und sehen kann. Im Sommer 1974 lebte Edna Hong für einige Wochen in Bethel. Zuvor hatte sie ausgiebig über die »Stadt der Barmherzigkeit« und ihre Geschichte gelesen.

Wer ist Edna Hong?

Mutter von sechs eigenen und zwei adoptierten Kindern; Frau eines Professors der Philosophie, dessen besonderes Forschungsthema der dänische Theologe Sören Kierkegaard ist; viel gereist.

Auch unser Land kennt sie aus einem zweijährigen Aufenthalt unmittelbar nach Ende des Zweiten Weltkrieges, als ihr Mann sich in kirchlichem Auftrag um Heimatvertriebene kümmerte. In ihrem Heimatland, den USA, ist Edna Hong durch Aufsätze und Bücher bekannt. Das am meisten beachtete erzählt, was ein schwerst behindertes Kind – ihr Enkelkind – seiner Familie abverlangt und zugleich gibt.

Selten habe ich einen Besucher erlebt, der sich so selbstständig aussuchte, was er sehen und hören wollte, wie Edna Hong im Sommer 1974. Insbesondere suchte sie das Gespräch mit unseren behinderten Mitbürgern. Die mögen erstaunt gewesen sein über die Neugierde einer mit fremdartigem Akzent sprechenden Frau, die sich für das Tagesgeschehen interessierte, aber ebenso für ihre Lebensgeschichte und für Menschen, mit denen sie es zu tun gehabt hatten. Nicht für alle und jeden! Sehr bald konzentrierte sich das Interesse Edna Hongs auf einzelne Personen und bestimmte Ereignisse. Später erfuhren wir per Brief, dass ein Buchmanuskript entstanden war. Ihr Buch über das »Tal der Liebe« (Bright Valley of Love) hat in der Englisch sprechenden Welt zahlreiche Leser gefunden und wurde und wird in andere Sprachen übersetzt, auch ins Deutsche, wofür dem R. Brockhaus Verlag Dank gesagt sei.

Dieses Buch ist so etwas wie ein Liebesbrief. Geschrieben in Liebe zu Menschen, die eine schwere Krankheit zu tragen haben. Edna Hong hat ihre liebenswerten Züge entdeckt. Und sie weiß, dass Gottes Zuneigung gerade ihnen gilt. Sie hat auch zu sehen bekommen, was wir an aufrichtender, heilender Liebe Gottes in Empfang nehmen und weitergeben können.

Ein Liebesbrief hat seine eigene Sprache: nicht kühl, sondern enthusiastisch. Aber die Liebe redet sachgemäß, denn sie nimmt anderes und mehr wahr als – sagen wir – die Kamera eines Reporters oder der Röntgenapparat des Arztes. Ich will es als Theologe sagen: Im Studium lernten wir, die Texte der Bibel wissenschaftlich – das heißt »historisch-kritisch« – zu lesen. Sie wurden dabei einsichtiger. Ich möchte diese Betrachtungsweise nicht missen. Aber immer wieder geschieht es, etwa bei einer Andacht oder beim Zuhören auf einen Predigttext, dass die biblischen Sätze unmittelbar zur Anrede Gottes an mich werden. Dann geht es unter die Haut. Dann vernehme ich ihren Herzschlag. Ich antworte mit Anbetung und lasse mich mit meinem Leben auf ihren Zuspruch ein. Das macht mich heilfroh. Dies entspricht der Weise, in der Edna Hong Gottes heilendes Wirken an Menschen wahrgenommen hat.

Ihr Buch beschämt uns in Bethel, denn wir erleben den buntscheckigen Alltag und die Vielfalt belastender Tagesgeschäfte. Aber es beglückt uns zugleich, denn es weist uns hin auf das Herz aller Dinge in den v. Bodelschwinghschen Anstalten Bethel.

Wir danken Edna Hong für die Geschichte aus dem »Tal der Liebe«, wie sie Bethel benennt.

Bethel, den 10. Januar 1977   Alex Funke

Einleitung

Dieses Buch handelt von einem wirklichen Lebenslauf. Den jungen Günther hat es tatsächlich gegeben, heute ist er ein erwachsener Mann. Im Juni 1974 habe ich ihn persönlich kennen gelernt und mich bei einem gemeinsamen Spaziergang mit ihm unterhalten.

Dieses Buch handelt von einem wirklichen Ort. Es gibt Bethel, diese Ortschaft in einem Tal nahe bei Bielefeld. Und ich halte dieses Bethel für eine der echtesten Stätten auf der ganzen Welt – im Sinne des Evangeliums. Ich bin noch nie in einem Ort gewesen, wo so wie in Bethel im Sinne des Evangeliums aus der Liebe gelebt wird.

Dieses Buch berichtet von Günthers Leben, von dem leidvollen Leben der Anfallskranken, von der Geschichte Bethels und den historischen Ereignissen der Zeit. Ein Geschichtsbuch voll trockener Daten oder ein medizinisches Lehrbuch wollte ich allerdings nicht schreiben. Und überall da, wo es heißt: »er sagte« oder »sie sagte«, musste ich mir natürlich etwas einfallen lassen; denn Tonbandgeräte gab es damals noch nicht!

Die französische Philosophin Simone Weil hat einmal gesagt: Das Böse ist in der Phantasie anziehend und hinreißend, aber als Wirklichkeit lähmend und abstoßend. Das Gute dagegen ist in der Phantasie reizlos und langweilig, doch als Wirklichkeit anziehend und hinreißend. Damit hat sie wahrhaftig Recht! Ich hätte mir das Gute in der Phantasie nie so fesselnd und hinreißend ausmalen können, wie es mir in Bethel als Wirklichkeit begegnet ist. Hätte ich meine Phantasie auch noch so sehr spielen lassen, ich hätte mir doch nie so fesselnde und reizvolle Charaktere wie Pastor Fritz von Bodelschwingh und seine Frau Julia ausdenken können; oder wie jenen fröhlichen Posaunenspieler Gottes, Pastor Johannes Kuhlo!

Ja, ich muss gestehen: Der Günther, den ich mir in der Phantasie vorgestellt hatte, ehe ich nach Bethel kam, war längst nicht so fesselnd wie der wirkliche Günther, den ich dort schließlich kennen lernte.

»Der taugt zu nichts«

Im Leib seiner Mutter rieselte ihm nur ein schwacher und kümmerlicher Lebenssaft durch die Nabelschnur zu. Die neue Umwelt, in die er eines Tages im Jahre 1914 hineingeboren wurde, gab ihm keine bessere Nahrung; vielleicht gar noch schlechtere. Denn damals war die allerschlimmste Zeit, und seine Mutter war nicht die allerbeste Mutter. Sein Vater war fort, er war im Ersten Weltkrieg, den die ganze Welt verlor – wenn man auch in einigen Staaten glaubte, man hätte ihn gewonnen. Für den kleinen Günther, der in Deutschland zur Welt kam – in dem Lande, das den Krieg am schrecklichsten verlor –, bedeutete all dies zusammengenommen ein Leben als Krüppel, wie man sagte.

»Der taugt zu nichts«, sagte seine Großmutter gleichgültig, als sein Vater ihn nach Kriegsende aus den Händen der Frau rettete, die nicht die allerbeste Mutter war, und ihn zur Großmutter brachte; die wohnte in einer öden, schmutzigen Großstadt zwischen Rhein, Ruhr und Lippe.

Die Großmutter hatte ihr ganzes Leben lang, soweit sie sich erinnern konnte, Tag für Tag Fußböden gefegt und geschrubbt oder Wäsche auf dem Waschbrett gerieben. Nach ihrer Meinung hatten nur Leute, die sich auf solche Art nützlich machten, überhaupt ein Daseinsrecht oder Leute, die so reich waren, dass sie es nicht nötig hatten, sich nützlich zu machen.

Die Großmutter hatte zwar ein verwachsenes und krummes Rückgrat, weil sie sich immerfort über das Waschbrett gebückt und für die feinen Leute gewaschen hatte; aber ihre langen Beine und ihre kurzen Füße gehorchten ihr doch. Wenn sie auch so gebeugte Schultern hatte, als sei sie ihr Leben lang durch zu niedrige Flure gekrochen, ihre langen Arme und ihre kurzen Hände ließen sich durch die Muskeln bewegen, so oft das Gehirn ihnen über die Nervenstränge befahl zu greifen, zu heben, festzuhalten oder loszulassen. Selbst wenn sie von einem langen

Arbeitstag todmüde war, brachten ihre Beine sie in den Wald, sammelten ihre Arme Brennholz und legten es in einen kleinen Handkarren. Die Großmutter hatte zittrige Hände, aber sie konnte doch Kartoffeln für das Abendessen schälen oder Rüben schaben.

Aber dieser Enkel, der von Rechts wegen Brennholz sammeln, den Eimer mit Schmutzwasser unten im Rinnstein ausleeren und die Asche wegbringen sollte – dieses Balg war kein Scheit Brennholz wert, keinen Eimer mit Kartoffelschalen und verfaulten Kohlblättern! Er war nur ein unbrauchbarer Klotz von einem Menschen, jawohl, das war er und weiter nichts! Eine Missgestalt vom Kopf bis zu den Füßen. Die Beinknochen, die Fußgelenke, die Arme, Handgelenke und Finger, Schädel- und Kieferknochen, Rückgrat und Hüften – alles missgestaltet!

Die weichen und durchlässigen Knochen des Säuglings waren durch Mangel an Kalzium und an Sonne – einen furchtbaren Mangel! – zu lange weich und durchlässig geblieben. Und all die so entstandenen Verdrehungen und Missbildungen der Knochen hatten sich dann für immer verhärtet. Sogar die Knie, Ellenbogen, Hand- und Fußgelenke waren steif und hart geworden. Man konnte glauben, die Hände seien von einem Blinden in Boxhandschuhen an den Armen befestigt worden. Die Füße sahen aus wie von jemandem angeschraubt, der die letzte Vierteldrehung vergessen hatte, sie standen schief und zeigten nicht richtig nach vorn. Vom Kopf bis zu den Füßen gelähmt, war der Junge noch dazu sehr wahrscheinlich schwachsinnig; denn die Laute, die aus seiner Kehle drangen, waren mehr ein Lallen als ein Sprechen. Dabei rollte er mit dem großen Kopf, spannte den dünnen, verdrehten Körper, und dann brachte er nur etwas heraus, das so ähnlich klang wie: »H-ha-m! H-ha-m!«

Das also, schien es, würde dieses Balg von einem Enkel, diese Missgeburt, das ganze Leben lang bleiben: ein elender, unbrauchbarer Klotz von einem Menschen, der »h-ha-m, h-ha-m« quäkte!

Die Großmutter schämte sich ihres Enkels und hatte Angst vor dem Getratsche der Nachbarn; darum versteckte sie den Jungen in ihrem einzigen Schlafzimmer und machte die Tür hinter ihm zu. Eines Tages kam sie nach Hause und sah, dass er sich aus seinem Bettchen in der hintersten Ecke herausgewälzt und bis in die Küche vorgearbeitet hatte. Sie war erschrocken und aufgebracht. Ohne auf sein schnaufendes, glucksendes Jubelgeschrei zu hören, trug sie ihn wieder zurück und warf ihn heftig auf sein Bettchen. Als er seinen Unwillen zeigte und »h-ha-m! h-ha-m!« krächzte, geriet sie in hellen Zorn. »Ist es nicht genug, dass ich dich füttern und waschen muss? Ist es nicht genug, dass du an jedem Löffel Suppe würgst, den ich dir in den Mund gebe? Musst du jetzt auch noch anfangen, dich rumzutreiben und mir noch mehr Arbeit zu machen?«

Von da an schloss sie die Schlafzimmertür zu, ebenso die Tür zwischen der winzigen Küche und der düsteren Hintertreppe. Und damit er auch ganz bestimmt still bliebe, wenn sie fort war, gab sie ihm einen Esslöffel Beruhigungssaft. Das war ein altes Hausmittel und sollte angeblich »alle Schmerzen lindern, Blähungen beseitigen und gegen Durchfall helfen«. Der Junge schrie zwar nicht viel und nicht laut – wenn er überhaupt schrie. Da man nie auf sein Schreien achtete, hatte er es aufgegeben, auf diese Weise zu zeigen, dass ihm etwas fehlte. Die meiste Zeit schlief er, unruhig und mit Unterbrechungen – oder er saß angelehnt in einer Art dumpfen Leidens auf einem Kissen. Die zwei Esslöffel Beruhigungssaft pro Tag bekam er nur zur Sicherheit, damit er auf keinen Fall die Leute störte, die im gleichen Hause wohnten oder an der anderen Seite des engen Hofes.

Ein ganzes Jahr lang – er war damals sechs Jahre alt – bedeutete das Hinterzimmer in Großmutters winziger Mietwohnung für ihn die Welt. In mancher Hinsicht war es eine bessere Welt als die kümmerliche Einzimmerwohnung, in der er die ersten fünf Lebensjahre zugebracht hatte, und so war er nicht besonders unglücklich oder traurig. Wer nie einen Kirschbaum gesehen hat, nie eine dicke, runde, rote Kirsche gepflückt und geschmeckt hat, wer noch nie gehört hat, dass es überhaupt Kirschbäume gibt – der vermisst einfach keine Kirschen, der hat kein Verlangen nach Kirschen und weint nicht, weil er keine Kirschen bekommt. Wenn er hungrig ist und weint, dann verlangt ihn nach der dünnen, wässerigen Rübensuppe und dem Schwarzbrot, seiner gewohnten Nahrung. Muss er lange auf sein Abendessen warten, liegt er da und träumt vor sich hin von einer heißen, gekochten Kartoffel, weiß, mehlig und auf der Zunge zergehend. Das Wasser läuft ihm im Munde zusammen. Vielleicht fließt ein wenig Speichel aus dem Mundwinkel und läuft ihm am Kinn herunter. Und das alles wegen einer gekochten Kartoffel, ohne Butter, ohne Sahnesoße – einfach eine gekochte Kartoffel.

Ein einjähriges Kalb, das nie aus dem Stall herausgekommen ist, in dem es geboren wurde, ist nicht besonders unglücklich oder traurig, weil es in einem nur spärlich beleuchteten Stall lebt – das heißt, wenn es im Laufe des Tages regelmäßig gefüttert und getränkt wird und saubere Streu für sein Lager bekommt. Zu Ehren der Großmutter sei gesagt, dass sie den kleinen »Krüppel« im Hinterzimmer pflichtbewusst fütterte und ihn jeden Morgen und Abend pflichtbewusst auf den Topf setzte. Hatte er das nicht abwarten können, so bekam er Schläge auf sein nasses Hinterteil aber danach wechselte sie pflichtbewusst das Betttuch aus. So viel musste eine Frau schließlich tun, die sich rühmte, bei ihr könne man vom Fußboden essen. Der kleine Junge im Hinterzimmer wusste das durchaus zu schätzen.

Der Junge wusste anscheinend sogar das tägliche gereizte oder bittere Nörgeln der Großmutter zu schätzen. Auch das gehörte in seinen Tageslauf – die einzige Stimme in seiner sonst stummen Welt.

»Ein Nichts bist du! Nichts weiter als ein Nichts bist du!«, sagte sie manchmal zu ihm.

Dann belebten sich die ernsthaften dunklen Augen des Jungen und gaben zu verstehen, dass er die persönliche Anrede schätzte – sonst sprach ja nie jemand mit ihm. Die Großmutter lachte spöttisch: »Du bist ein solches Nichts, dass du nicht mal weißt, was ein Nichts ist.«

Aber hin und wieder wurde die Zufriedenheit des Jungen mit der gewohnheitsmäßigen Befriedigung seiner einfachsten leiblichen Bedürfnisse seltsam durchbrochen. Dann war es, als empfinge seine Hinterzimmer-Welt ein Telegramm aus einer anderen Welt. Eine solche Botschaft war ganz anders als das, was sonst durch das Fenster zu ihm drang, das Läuten der Kirchenglocken, das Trappeln der Pferdehufe, das Rumpeln der Wagenräder auf holprigen Pflastersteinen (man darf nicht vergessen: Damals brauste, kreischte, dröhnte und hupte es noch nicht auf den Straßen). Das war, als wolle jemand oder etwas ihm Nachricht geben von einer Wirklichkeit, die er eigentlich kennen sollte. Als ob etwas versuche, in eine große Leere vorzustoßen, ein geheimes, wunderbares, unbegreiflich Großes. In solchen Augenblicken wurde seine gewöhnliche Zufriedenheit von Freude oder Kummer – oder beidem zugleich – durchbrochen.

Eine derartige Nachricht kam zu ihm von dem rot karierten Tischtuch, das die Frau im zweiten Stockwerk an einer Wäscheleine draußen vor ihrem Fenster aufhängte. Einmal in der Woche flatterte das rot karierte Tischtuch da draußen vor seinen Augen. Jeden Montagmorgen, bei Regen und Sonnenschein, im Winter wie im Sommer. Ob dieses rot karierte Tischtuch vom Regen triefte und schwer herunterhing oder ob es im Winde wehte und knatterte, es erfüllte ihn stets mit einer eigenartigen Freude. Das war etwas ganz anderes und viel Größeres als das Behagen bei dem ersten Schluck warmer Linsensuppe, die ihm an einem Tage, da er im Hinterzimmer seinen eigenen Atem sehen konnte, in die Kehle rann. Etwas ganz anderes und viel Größeres, als ein trockenes Bett unter sich zu fühlen, nachdem er den halben Tag in kalter Nässe gelegen hatte. Es war eine Botschaft von etwas Unbekanntem aus einer fremden Welt. Und doch war es kein reines Freudenzeichen, denn es schien ihm auch zu sagen, dass in seiner Welt etwas fehlte. Nichts Verlorenes, nein, etwas, das er nie besessen hatte.

Eines Tages im Sommer hatte die Großmutter das Fenster offen gelassen; so hörte er die Frau, die das rot karierte Tischtuch aufhängte, einem Kind unten im Hof zurufen:

»Bettina, Liebling, ich muss dir mal was sagen.«

»Was denn, Mami?«, piepste ein Stimmchen von unten herauf.

»Du bist mein allerbester Schatz!«

In dem Tonfall der Mutter und im köstlich hellen Lachen des Kindes lag ein Ausdruck, der bei dem Krüppel im Hinterzimmer nicht Freude auslöste, sondern einen plötzlichen und schrecklichen Kummer. Er rollte aus seinem Bett auf den Fußboden und hämmerte mit den unnützen Klumpen seiner Hände und Füße darauf los. Sein ganzer Körper wurde geschüttelt von einer Empfindung, die er weder geistig noch sprachlich erfassen konnte. Diesmal beschmutzte er sich und auch den Fußboden so gründlich, dass man wahrhaftig nicht mehr davon hätte essen können. Als seine Großmutter von der Arbeit heimkam, schimpfte sie ihn wütend aus, und es gab kein Abendessen.

»Ich kann dir sagen, lange lass ich mir das mit dem Balg da nicht mehr gefallen!«, erklärte sie ihrem Sohn. Er kam gerade von der hoffnungslosen Arbeitssuche im Ruhrgebiet zurück.

»Ich hab 'ne Frau für mich gefunden«, meinte er mürrisch, »wenn wir heiraten, nimmt die ihn vielleicht.«

»So, eine Frau kannst du finden, aber keine Arbeit!«, sagte die Großmutter voller Hohn.

Doch die junge Frau trat energisch auf: Mit einem verkrüppelten Stiefsohn wolle sie nichts zu tun haben und damit basta.

Bald danach trat auch die Großmutter energisch auf. Das kam so: Sie hatte in ihrer Eile, noch vor Ladenschluss das Gemüsegeschäft zu erreichen, weder die Tür zum Hinterzimmer noch die Küchentür abgeschlossen. Die Nachbarsjungen waren schon oft heimlich die Treppe heraufgeschlichen, voller Neugier, was für ein Kind da hinten versteckt würde. Diesmal konnten sie herein. Sie gingen auf Zehenspitzen durch die Küche und öffneten die Tür.

»O Jesses!«, riefen sie alle miteinander.

»Is' der aber doof!«, sagte einer.

»Der hat se nich' alle!«, sagte der Nächste.

»Das is' gar kein richtiger Mensch!«, sagte der Dritte.

Die Großmutter war hinter ihnen die Treppe heraufgekommen und hatte jedes Wort gehört. Die Jungen flüchteten eilig vor ihrem wütenden Geschrei und ihren Schlägen.

Am gleichen Abend sagte sie zu ihrem Sohn, der ihr schuldbewusst seinen Besuch abstattete:

»Das mach' ich nicht mehr mit, der muss in 'ne Anstalt. Du musst ihn wegbringen, nach Bethel.«

»Bethel ist bloß für solche, die Anfälle haben«, meinte er.

»Ich hab gehört, die nehmen da auch Krüppel und Idioten.«

Der Junge begriff zunächst nicht, dass seine bekannte und geordnete Welt nun einstürzen sollte – bis die beiden, die Großmutter und der Vater, ihn aus dem Hinterzimmer herausholten und anfingen, ihn in ungewohnte Kleider zu stecken. Der Vater, kleinlaut dem Blick des Jungen ausweichend, sagte ihm, er käme fort. Er selbst und die Großmutter würden ihn wegbringen. Sie würden nicht bei ihm bleiben, sie würden hierher zurückgehen. Er käme nicht zurück, er sollte dableiben.

Das verstand der Junge. In diesem Augenblick ging ihm die Wahrheit auf. Schlagartig begriff er nicht nur den jetzigen Schmerz und die Angst vor dem, was nun geschehen würde, sondern auch den Schmerz und die Schmach seines bisherigen Daseins. Er war ein Verstoßener, er war schon immer ein Verstoßener gewesen. Aber in das schreckliche Unbekannte ausgestoßen zu werden! Nein, nur das nicht!

Mit einem plötzlichen Ruck warf er sich wie ein Tier aus des Vaters Armen auf den Fußboden. Er wälzte sich auf den Bauch und stützte sich auf seine gekrümmten Hände und Füße. Gleich einem bedrängten Tier bot er ihnen die Stirn. In kurzen, keuchenden Lauten schrie er, so deutlich, wie er nur je geredet hatte: »N-nich h-ha-m! N-nich h-ha-m!«

Haus Patmos

»So, da hätten wir also noch ein hilfloses kleines Wesen«, sagte Pastor Wolf und nahm dem verlegenen Vater den Jungen aus den Armen. »Wie heißt du denn?«, fragte er und schaute forschend in die dunklen Augen des Kindes.

Schweigen. Das gleiche dumpfe Schweigen wie auf der langen Bahnfahrt nach Bielefeld und auf dem weiten Fußweg durch den Nieselregen bis zur Aufnahmestelle in Bethel. Selbst als die Großmutter einen Schritt hinter ihnen zurückgeblieben war und das Wasser von ihrem Schirm dem Jungen gerade ins Gesicht tropfte, hatte er keinen Laut von sich gegeben.

»Er heißt Günther«, sagte der Vater.

»Spricht Günther denn?«

»Nicht viel«, antwortete schroff die Großmutter.

»Sprechen *Sie* mit Günther?«

»Was soll man da schon reden – mit so einem, wie der ist!«, meinte die Großmutter bissig.

Der Pastor zog den Jungen unwillkürlich näher zu sich heran. »Alles!«, antwortete er. »Je mehr diese armen Kleinen leiden, desto mehr müssen wir mit ihnen sprechen.«

»Günther«, redete er den Jungen selbst an, »wir werden dich zu den Kindern in einem Haus schicken, das Patmos heißt. Haus Patmos hat seinen Namen von einer griechischen Insel, auf der Johannes, Jesu Lieblingsjünger, ein Gesicht und eine Offenbarung hatte. Ich glaube, mein Junge, deine kleine Seele wird in Haus Patmos auch ein Gesicht und eine Offenbarung haben.«

Haus Patmos liegt etwas höher im schützenden Tal des Teutoburger Waldes, und Pastor Wolf bat einen Jungen, der gerade vorbeikam, ihnen den Weg dorthin zu zeigen. Der Junge verschwand aber bald in einer Bäckerei, angelockt durch ihre leckeren Düfte. Die hätten auch einen sehr willensstarken Menschen in Versuchung bringen können.

Die alte Frau und ihr Sohn mit Günther auf dem Arm wanderten eine volle Stunde lang bergauf, bergab, denn sie wagten nicht, nach dem Weg zu fragen. Schließlich landeten sie auf einem hoch gelegenen Friedhof mit vielen Reihen sauberer weißer Kreuze. Zwei Mädchen gingen Hand in Hand zwischen den Gräbern umher, und die Großmutter sprach sie an. Als die Mädchen ihr das Gesicht zuwandten – das eine blind und ausdruckslos, das andere voll runzeliger, brandroter Muttermale –, geriet sie mit ihrer Frage ins Stocken und verstummte wieder. Die eingefallenen Augen in dem wunderlich maskenhaften Gesicht betrachteten sie ruhig. Die dicken Lippen bewegten sich, und sie sang:

»Gelobt sei Gott im höchsten Thron
samt seinem eingebornen Sohn,
der für uns hat genug getan.«

Dann stimmten beide Mädchen eine Reihe von weithin klingenden Hallelujas an. Die stolpernd davoneilenden drei hörten sie auf dem ganzen Weg, der steil zur Straße hinunterführte.

Ein Mann mit einem üppigen Bart, der eine Posaune bei sich trug, kam in klappernden Holzschuhen die Straße entlang.

»Was meinst du, ist das auch ein Verrückter?«, flüsterte die Großmutter. Da sie sich nicht sicher war, überließ sie es ihrem Sohn, den Mann zu fragen: »Ach bitte, wo geht es hier nach Haus Patmos?«

»Haus Patmos?«, lachte der Mann vergnügt, so dass seine Augen blinkten und zwinkerten. »Also nach Patmos wollen Sie! Nein so etwas, dass Sie ausgerechnet dahin wollen, wo ich auch hingehe! Kommen Sie nur mit!«

Wie ein General vor seinen Truppen zog er vor ihnen her, setzte die Posaune an und fing an zu blasen. Er spielte das altbekannte Kinderlied »Alle Vögel sind schon da«.

Als er sich nach ihnen umschaute und sah, dass sie noch standen und zögerten, spielte er eine andere Melodie: »Ihr Kinderlein, kommet, o kommet doch all'!«

»Der ist auch verrückt. Die sind hier alle verrückt!«, brummte die Großmutter.

»Kann sein, oder vielleicht auch nicht«, antwortete der Vater. »Am Ende sind die normal und wir die Verrückten.«

Damit packte er den Jungen fester, der sich von seiner trägen, teilnahmslosen Lage in eine sitzende Haltung hochgeräkelt hatte, fast als habe er geschlafen und sei durch die Posaunenklänge geweckt worden. Sein Körper bog sich und neigte sich zu dem bärtigen Posaunenbläser hin. Der schwenkte fröhlich seine Posaune, wandte sich wieder nach vorn und marschierte weiter auf Patmos zu. Der Vater – er war schließlich ein ehemaliger Soldat – ging im Gleichschritt hinter dem vergnügten General her, und die völlig erschöpfte, verwirrte Großmutter trabte hinterdrein. Jetzt blieb sie zwei Schritte zurück. Sie war überzeugt, dass die beiden heiteren Diakonissen, denen sie begegneten, die zwei jungen Männer, die unter Gelächter zwei Kranke in Rollstühlen schoben – wobei die Kranken von einem Ohr bis zum andern grinsten –, dass die alle über sie drei lachten. In diesem irrsinnigen Ort lachte jeder über sie!

Die Straße war ziemlich lang und mehrfach gekrümmt; als sie schließlich Haus Patmos erreichten, hatten die klaren Töne des fröhlichen Posaunenliedes sie schon angekündigt. Eine Schar von Kindern erwartete sie. Lachend, rufend und winkend krochen, hinkten, stolperten und taumelten sie ihnen entgegen und streckten ihre Hände aus.

»Kuhlo! Kuhlo!«, riefen sie. »Pastor Kuhlo ist da!«

Er gab ihnen die Hand, jedem einzelnen Kind. »Monika, meine kleine Drossel! Gisela, meine Feldlerche! Heinz, mein rotköpfiger Specht! Seht mal, ihr Vögelchen, ich bringe euch noch einen kleinen Singvogel, damit er mit euch zusammen Loblieder singt. Ich habe noch gar nicht gefragt, wie er heißt . . .«

»Günther heißt er«, sagte die Großmutter rasch, um die Stummheit des Jungen zu verbergen. Sie schaute einmal eilig und voller Entsetzen auf die Kinder; dann ließ sie ihre Blicke nach allen Seiten wandern, nur nicht zu diesen erschreckenden Gesichtern, die so gar nichts von menschlicher Lieblichkeit an sich hatten. Die Kinder streckten die Hände aus, um nach Günther zu fassen, sie sagten seinen Namen, immer wieder, bis es ein Sprechchor wurde. Voller Staunen sah der Junge auf sie herunter, halb ängstlich, ob das auch alles wahr sei, halb furchtsam, ob er es vielleicht nur träume.

Eine Diakonisse im langen schwarzen Kleid und gekräuselter weißer Haube, unter dem Kinn eine große Schleife, schlüpfte durch die Kinderschar nach vorn; sie führte einen blinden Jungen an der Hand.

»Willi, mein kleiner Willi, hier bringe ich dir einen neuen Freund«, sagte Pastor Kuhlo. »Günther, das ist Willi. Er ist ohne Augen zur Welt gekommen, aber dafür hat Gott seinem Herzen Augen gegeben, und die sehen viel besser als deine oder meine Augen.«

Der Junge schaute von des Vaters Armen herunter in das Gesicht mit den leeren Augenhöhlen. Langsam ließ er den rechten Arm sinken und berührte die tastende Hand. Seine starre Hand spürte wie durch dicke Fausthandschuhe hindurch, dass die Finger des blinden Jungen seine eigenen stocksteifen Finger fassten.

»Schwester Mathilde, meine liebe Elster«, sagte Pastor Kuhlo, »wir bringen Ihnen hier noch ein Küken für Ihr Nest. Günther, das ist deine Schwester Mathilde.«

»Nun, mein Lieber«, redete er den Vater an, »werfen Sie all Ihre Sorgen auf den, der gesagt hat: ›Lasset die Kindlein zu mir kommen.‹ Schwester Mathildes Arme sind seine Arme.«

Pastor Kuhlo ließ seine Augen auf der alten Großmutter und dem Vater ruhen, denen immer elender zumute wurde.

»Sie sehen«, sagte er freundlich, »Bethel ist nicht von Mauern umgeben, nur von den grünen Wänden unseres Waldtales. Wir haben hier keine riesige Anstalt, wir sind einfach und einzig die Arme Christi. Sie brauchen keine Angst zu haben, uns Günther hier zu lassen.«

20

Plötzlich, beinahe wild, legte Günthers Vater den Jungen der Diakonisse in die Arme. »Angst nicht, Herr Pastor«, brach es aus ihm heraus, »schlechtes Gewissen!« Und ohne noch ein Wort zu sagen, ohne sich zu verabschieden, wandte er sich ab und ging eilig fort. Die alte Frau trabte im Abstand von drei Schritten hinterher.

»Ach, das haben sie alle, wenn sie hier von ihren Kindern weggehen«, seufzte die Diakonisse. »Ein ganz schreckliches Schuldgefühl!«

»Hoffentlich wissen sie, wo die Vergebung zu finden ist«, sagte Pastor Kuhlo. Er setzte seine Posaune an die Lippen und spielte für die beiden dunklen Gestalten, die eilig das Tal verließen, Luthers Lied nach dem 130. Psalm: »Aus tiefer Not schrei ich zu dir...«

»... schrei ich zu dir...«, hallten die Töne vom Waldhang gegenüber als Echo zurück.

»Günther«, sagte Pastor Kuhlo, als die kleine Schar den Weg zwischen Blumenbeeten entlang zum Haus Patmos ging, »drinnen sind noch mehr Vögelchen, aber sie haben gebrochene Flügel und können nicht fliegen. Ich gehe sie besuchen und Loblieder für sie spielen.«

Wenn jemand aus einem dunklen Zimmer plötzlich in einen strahlend hellen Raum kommt, ist er zunächst so geblendet, dass er nicht richtig sehen kann und fast die Dunkelheit vorziehen würde. So tastete sich Günthers Seele zurück in seine dunkle Welt, klammerte sich an die Gestalten, die er zuletzt die Straße entlang und aus dem Tal hinaus hatte eilen, ja fast laufen sehen. Aber der blinde Willi hatte ihn krampfhaft gepackt, er hielt Günthers Tränen zurück, er hielt ihn fest in diesem neuen, hellen Raum.

Als Schwester Mathilde Günther in einer großen Wanne gebadet, ihm ein weißes Nachthemd angezogen und ihn behutsam in ein sauberes, frisches Bett gelegt hatte, sagte Willi durch die Gitterstäbe zu ihm: »Günther Freund von Willi!«

Dann kam Schwester Anna und wollte Willi zum Abendessen holen; da erklärte er: »Günther Freund von Willi, Willi bei Günther bleib'n.«

»Aber du isst doch im großen Speiseraum, Willi«, sagte Schwester Anna, »weil du allein essen kannst. Günther wird im kleinen Speiseraum essen, denn er braucht Hilfe.«

»Tschüss, Günther, Willi wiederkommen!«

Günther schaute unverwandt auf das blinde Gesicht, das sich gegen die Stäbe seines Gitterbettchens presste. Doch er sagte keinen Ton.

»Günther nich' red'n«, meinte Willi und ging traurig fort. »Willi nich' sehn, Günther nich' red'n.«

Bis er jedoch zur Tür gekommen war, hatte seine übersprudelnde Fröhlichkeit schon wieder gesiegt: »Günther Freund von Willi«, rief er, »Willi für Günther red'n, Günther für Willi sehn!«

Als Willi fort war, fühlte der Junge sich plötzlich allein, aber nicht traurig. Er fing jetzt schon an zu ahnen, dass die weiße Haube der Diakonissen eine Botschaft war. Die breite weiße Schleife unter dem Kinn war ein Zeichen strahlender Hoffnung, wie das rot karierte Tischtuch. Und zu seiner grenzenlosen Überraschung und Freude erschien das rot karierte Tischtuch plötzlich auch hier in seinem ganz neuen Leben. Er entdeckte es sofort, als Schwester Mathilde ihn in den kleinen Speiseraum brachte, wo die völlig hilflosen Kinder gefüttert wurden. Die gute Schwester, die ihn in seinem Stuhl anschnallte, dachte sicherlich, dass das freudlose Gesicht des kleinen Jungen beim Anblick des Schokoladenpuddings so strahlte. Doch der Junge hatte noch nie in seinem Leben Schokoladenpudding gegessen. Wie hätte er denn wissen sollen, dass dieses wabbelige, dunkelbraune Zeug so herrlich schmeckte? Aber das rot karierte Tischtuch, das war ein alter Bekannter. Nur war ihm unbegreiflich, wie in aller Welt es denn hinter ihm herwandern und auf diesen Tisch kommen konnte!

Das Wiederauftauchen des rot karierten Tischtuchs – oder besser gesagt, seine geheime Botschaft, dass er eine Freude haben würde, die er vorher nie gekannt hatte –, diese Botschaft trug ihn durch eine erste Erfahrung hindurch. Solche Erfahrungen sollten ihm so vertraut werden wie der Anblick von Rollstühlen und wie die Lederhelme, die manche besonders schwer anfallskranken Patienten als Kopfschutz trugen.

Schwester Elisabeth fütterte Rosemarie, ein kleines Mädchen, dem der Kopf schwer herunterhing und von einer Seite zur anderen rollte. Plötzlich stieß Rosemarie einen seltsamen Laut aus und sackte nach rechts ab. Dabei schlug sie mit dem rechten Arm auf die Schüssel voll Linsensuppe und stieß sie um, so dass Schwester Mathilde und Günther über und über bespritzt wurden. Ihr Kopf fiel mit einem Ruck nach hinten, ihre Zähne waren krampfhaft zusammengepresst. Dann wurde ihr ganzer Körper, der so plötzlich in sich zusammengefallen war, mit einem Male steif wie ein Brett. Danach entspannte er sich wieder, langsam und ruckweise. Mit einem stöhnenden Klagelaut öffnete sie die Augen und sah sich ängstlich um.

Dem Jungen war es, als würde das rot karierte Tischtuch fahl, dann düster und drohend. Ein Schauder durchrieselte ihn. Doch mit einem Mal lag er Schwester Mathilde im Schoß, und sie wiegte ihn in ihren Armen, geradeso wie Schwester Elisabeth Rosemarie hielt und wiegte. Beide Diakonissen begannen leise zu singen; und es schwang etwas in ihrer Stimme, wodurch sie mehr waren als Sozialarbeiterinnen, mehr als Pflegerinnen, mütterlicher, als es manche Mütter sind.

Während sie so sangen, wurde das rot karierte Tischtuch wieder hell und leuchtend. Dann schwand es allmählich. So fest schlief der Junge, dass er nicht merkte, wie er in sein Bett zurückgebracht wurde, und nicht hörte, wie Willi flüsterte: »Gu'nacht, Günther, Freund!«

Liebe ist die beste Medizin

Am nächsten Tag machte Dr. Blümcke seine Arztvisite in Haus Patmos. Dabei untersuchte er natürlich auch den neuen Jungen. Er sah dem Jungen in den Mund und stellte fest, dass der Unterkiefer deformiert war. Er ließ seine prüfenden Hände sacht über das krumme Rückgrat gleiten, über die verformten Hüften, den zu engen Brustkorb, die gekrümmten Gliedmaßen, die hakenförmig gebogenen Hände und die entstellten Füße.

»Ach Günther, mein Junge«, sagte er, und seine Stimme klang traurig, »wenn ich dich doch schon gesehen hätte, als du zwei Jahre alt warst! Aber schaun wir mal zu, was mit viel Sonne und frischer Milch zu machen ist. Wir werden dein Bett nach draußen bringen und unter die Bäume stellen. Vorläufig noch nicht in die heiße Augustsonne, Junge. Deine Haut ist so grau wie die grauen Käfer im Keller oder unter Dielenbrettern und Steinen. Aber so viel Milch wie möglich – Milch von den amerikanischen Kühen.«

Dr. Blümcke beugte sich dicht über den Jungen, sah ihm in die wachen Augen und sagte langsam und klar: »Hat dir schon jemand von den amerikanischen Kühen erzählt, Günther? Vor genau zwei Monaten haben wir sie bekommen. Siebenundzwanzig schöne Kühe aus Amerika, dazu einen großen, mächtigen Bullen und ein Kälbchen, das erst eine Woche alt war und umsonst übers Meer fahren durfte. Auf dem Frachtschein stand es nämlich noch nicht drauf. Die Tiere sind ein Geschenk von Kindern der Sonntagsschulen in Chicago, von Frauen aus den Kirchengemeinden in Detroit und vielen anderen amerikanischen Christen. Am Heiligen Abend im letzten Jahr hat uns Pastor Fritz erzählt, dass wir die Tiere bekommen würden. Um Ostern herum dachten wir schon fast, sie kämen überhaupt nicht mehr. Aber schließlich sind sie doch gelandet. Von New York bis Bremen sind sie auf einem Schiff gereist, dann weiter mit der

Bahn bis Bielefeld. Zuletzt durch unser Tal hier – war das ein Festzug! Da hättest du dabei sein müssen, Günther! Alle, die in Bethel laufen können, gingen in dem Festzug mit, und alle anderen guckten aus den Fenstern. Und Musik war dabei, Günther! Pastor Kuhlo mit seiner Blaskapelle, das Mundharmonika-Orchester, außerdem Fahnen, Flaggen, Blumen. Die Kinder hatten Blumenkränze geflochten, um die Kühe damit zu schmücken, und eine Krone aus Eichenblättern für Seine Majestät König Amerikanus, den Bullen. Die kleine Prinzessin, die erst einige Wochen alt war, fuhr in einem Wagen. Dessen Räder waren mit langen Margeriten-Girlanden durchflochten. Alle gingen wir mit in dem Prunkzug – die Leute, die Kühe, der Bulle und Prinzessin Kälbchen. Die ganze Straße vom Eingang nach Bethel bis zum Quellenhof. Dort sind nun die Kühe und geben Milch, damit du so kräftig und gesund wirst wie – wie ...«

Die Augen des Arztes wurden wieder traurig. »... so kräftig, wie wir es mit unserem schwachen menschlichen Können fertig bringen bei deinem armen, unschuldigen, kranken Körper«, sagte er, mehr zu sich selbst als zu dem Jungen. »Ich wünschte, ich hätte dich zu sehen bekommen, als du zwei Jahre alt warst.«

Ehe Dr. Blümcke das Haus verließ, meinte er zu Schwester Mathilde, dies sei der schlimmste Fall von Rachitis, den er in seiner ganzen ärztlichen Praxis je gesehen habe.

»Glauben Sie, dass sein Gehirn auch gelitten hat?«, fragte die Diakonisse. »Er hat noch kein Sterbenswörtchen gesagt, seit er hier ist.«

»Seine Augen sind so wach und so lebhaft und beweglich. Das ist meistens ein Zeichen von Intelligenz.«

»Gestern war es aber ganz anders. Da wirkte er sogar ziemlich stumpf und ...«

»... und stand unter Drogen, das möchte ich wetten! Oh, sicher nicht mit Absicht. Aber so manches Gebräu, das alte Omas kleinen Kindern geben, ist ein Narkotikum. Diese armen, müden, alten Seelen glauben, sie gäben den Kindern einen Be-

ruhigungssaft, und in Wirklichkeit machen sie kleine Drogen-
süchtige aus ihnen. Na, sehn wir mal zu, was mit Sonne und
Milch zu erreichen ist. Und mit der besonderen Sorte Medizin,
die ihr Schwestern so reichlich weitergebt.«

Der Arzt wandte sich zum Gehen. Schwester Mathilde, ehrlich erschrocken, fasste ihn am Arm. »Herr Dr. Blümcke, wollen
Sie uns vorwerfen, dass wir . . . ?«

»Was ich Ihnen ›vorwerfe‹, ist nur Liebe, Schwester Mathilde,
nichts als Liebe! Die ist kein Narkotikum, sie wirkt belebend!
Bei einer traurigen Kindheit die beste Medizin, die ich kenne.
Geben Sie dem kleinen Neuankömmling Sonne, Milch und
Liebe!«

Als Schwester Mathilde und Schwester Elisabeth zu dem Jungen
kamen, um ihn ins Freie zu bringen, wie der Arzt es gesagt hatte,
guckte Günther gerade schüchtern durch das Gitter zu dem Jungen im Nachbarbett.

»Na, du machst ja schon Bekanntschaften«, lachte Schwester
Mathilde. »Günther, das ist Kurt. Er ist vor einer Woche zu uns
gekommen. Was meint ihr beiden, habt ihr Lust, mit zum Buchenwald raufzukommen? Eins zwei drei hopp, und ab geht's!«

Er wurde von starken Armen hochgehoben und den Berg
hinaufgetragen; die weiße Schleife unter Schwester Mathildes
Kinn kitzelte ihn dabei lustig an der Wange. Der blinde Willi
hatte an der Tür ihre Schürze zu fassen bekommen.

»Willi mitgehn«, hatte er erklärt. »Günther nich' reden. Willi
reden für Günther; Willi reden für Günther zu Kurt.«

Bald saß Willi zwischen den beiden auf einer Decke unter
hohen alten Buchen; die bernsteinfarbenen Lichtflecken, die auf
Günthers blassen Armen und Beinen tanzten und Kurts asch-
fahles Gesicht sprenkelten, konnte er nicht sehen. Aber die hellen Stimmen der vielen Kinder, die in Bettchen oder Hänge-
matten zwischen den Bäumen lagen, konnte er hören und hörte
sie auch.

»Hör mal!«, rief er voller Entzücken. »Wie Vögel! ›Alle Vögel sind schon da!‹«

Den ganzen Vormittag über versuchte Willi, seinen beiden neuen Freunden das Lied »Alle Vögel sind schon da« beizubringen. Kurt machte ein paar schwache Versuche, zu zeigen, dass er einige Brocken daraus behalten hatte, aber zwischendurch döste und schlief er. Günther war so eifrig damit beschäftigt, seine fünf Sinne zu gebrauchen und die erregenden Botschaften aufzunehmen, die sie ihm zutrugen, dass er nicht auf seinen Lehrer achtete. In den Baumwipfeln sangen wirkliche Vögel. Kinder tauschten Rufe aus. Große Leute, gesunde und kranke, liefen quer durch den Wald über den Berg. An den Bäumen waren manche Blätter vom eindringenden Sonnenlicht gold gesprenkelt und tanzten zusammen mit den grünen Blättern.

Schließlich jammerte Willi über Günthers Schweigsamkeit und fragte traurig: »Günther nich' singen? Günther nich' Freund von Willi?« Da wälzte sich Günther zu Willi herüber und legte den Kopf in seinen Schoß. Und als wolle er seine Sinne gegen alle anderen Botschaften verschließen, machte er die Augen zu. Ihm war es genug, wenn er nur Willis liebevolles Streicheln spürte. Als mittags die Schwestern kamen und die Jungen zum Essen holen wollten, waren sie alle drei fest eingeschlafen.

Für den Nachmittag organisierten die Diakonissen von Haus Patmos einen Ausflug zum Quellenhof, dem Bauerngut am Ende des Tales, wo die Kühe aus Amerika weideten. Dr. Blümcke hatte sie mit seiner Geschichte auf diesen Gedanken gebracht. Die Kinder, die laufen konnten, zogen die anderen in Wägelchen, die mit frischem Heu gepolstert waren. Eigentlich war es nicht weit bis zu dem Hof, aber für die Patmos-Kinder war er ein fernes Zauberland. Der Quellenhof lag am Rand eines großen, großen Waldes, der auch auf der anderen Seite des Berges noch nicht aufhörte. Und Viehweiden hatte der Quellenhof, die waren wie riesige Felder – nicht bloß wie kleine Gärten und Rasenflächen!

Die Ställe waren so groß, dass eine ganze Herde Kühe darin Platz hatte. Und das Haus war ein richtiges Bauernhaus aus solidem Fachwerk.

Die Kinder zählten zum Spaß die Kühe auf der Weide, und bei jedem Kind kam eine andere Zahl heraus.

Aber Manfred sagte mit Bestimmtheit: »Siebenundzwanzig Kühe, ein Bulle und ein kleines Kalb!« Er gab sich nicht erst mit dem Zählen ab, sondern verließ sich auf sein erstaunliches Gedächtnis. Manfred konnte nämlich Zahlen, Summen und Einzeltatsachen behalten. Aber er konnte seine Zahlen, Summen und Einzeltatsachen nicht so zusammenbringen, dass es irgendeinen Sinn gab.

»Vierzig und elf Kühe«, sagte Otto, mühsam an den Fingern abzählend; »und ein Kalb«, dafür verließ er sich auf Manfreds fabelhaftes Gedächtnis.

Aber der Hausvater führte fünf Kälber heraus, das jüngste war gerade vierzehn Tage alt. Manfred war so beleidigt, weil er nicht Recht hatte, dass er Daumen lutschend hinter einer dicken Eiche verschwand – das heißt, nur so lange, bis ihn ein lautes Lachen wieder zu den anderen hinzog. Leni hatte nämlich entdeckt, dass das junge Kälbchen genauso aussah wie die Schwestern – ganz schwarz, aber mit einer weißen Haube und einer Schleife unter dem Kinn.

Dieses junge schwarzweiße Kälbchen entlockte Günther das erste Lachen. Wer weiß, vielleicht war es das allererste Lachen in seinem ganzen Leben! Schwester Mathilde hielt es nämlich für sehr wichtig, Günther und das Kälbchen in aller Form miteinander bekannt zu machen. Günther hob unwillkürlich die Hand, wie um es zu begrüßen. Das Kälbchen sah gleich eine Ähnlichkeit zwischen dem Euter seines Muttertieres und dieser steifen, verbogenen Hand mit den herunterhängenden Fingern. Es schnappte nach einem Finger, hielt ihn zwischen der rauen, feuchten Zunge und dem Gaumen fest und fing an, kräftig daran zu saugen. Als aber keine warme Milch herauskam, schüttelte das Kälbchen die Hand ungeduldig ab und ließ sie voller Unwillen los.

Niemand war mehr überrascht als Günther selbst, als diese stoßweisen Laute des Lachens aus ihm herausbrachen. Und niemand war glücklicher als Schwester Mathilde. Sie legte dem Kälbchen die Hand auf den Kopf und dankte Gott im Stillen für das dumme Kälbchen, das keinen Unterschied zwischen einer verkrümmten Hand und dem mütterlichen Euter sah.

Am nächsten Morgen verkündete Willi durch das Gitter von Günthers Bett: » Heut is' Sonntag!«

Leni ging durch den Flur zum Frühstück und sang dabei: »Heute ist Sonntag!«

Ehe Günther nach Bethel kam, war die Zeit für ihn wie ein Nebel gewesen, der immer gleich blieb und sich niemals lichtete. Keine Festtage. Der Sonntag war nicht ein bisschen anders als der Montag. Die Zeit glitt einfach von einem trüben Tag durch die Dunkelheit der Nacht in den nächsten trüben Tag. Die Zeit verstrich nur von einem Nichts zum anderen Nichts. Kein Abschnitt, kein Komma, kein Frage- oder Ausrufungszeichen. Keine Rückschau auf ein glückliches »Es-war-einmal«, keine Vorschau auf ein strahlendes »Morgen«. Nichts für die Erinnerung, nichts für die Erwartung – außer etwa dem nächsten Napf grauer Kartoffelsuppe.

Er war jetzt den dritten Tag in Bethel. Er hatte eine Fülle verwirrender Erlebnisse gehabt. Manche waren erschreckend gewesen, beispielsweise die merkwürdigen Schreie, die in Haus Patmos ertönten, wenn ein Kind einen Anfall hatte. Kurt, der im Nachbarbett lag, hatte heute Morgen schon zweimal so geschrien.

Aber die meisten Erlebnisse waren schön, sie riefen alles wach, was bisher dumpf in ihm geschlummert hatte. Stimmen, die ihn wieder und wieder beim Namen riefen. »Günther! Du hast einen Namen, du heißt Günther!« Augen, die klar und tief in seine Augen schauten. »Wir sehen dich, Günther, und was wir da sehen, das lieben wir.« Und einer, der keine Augen hatte und nicht sehen konnte, fasste nach ihm und sagte: »Günther Freund!« Und ein Kälbchen mit seiner rauen, feuchten Zunge hatte die sonderbaren Laute des Lachens aus seiner Kehle gelockt.

Aber all das waren bis jetzt nur helle, neue Bilder im Strom der Zeit. Doch heute war Sonntag, sagten sie ihm. Ehe dieser Sonntag zu Ende ging, hatte Günther etwas ganz Wunderbares erlebt: Die Zeit floss nicht mehr endlos dahin. Die Zeit begann nun zu kreisen um ein Licht und ein Strahlen, das irgendwie all die hellen Bilder, die so plötzlich in seinem Leben aufgetaucht waren, verständlich machte. Die hellen Bilder kreisten nun auch. Für Günther bekam die Zeit an diesem Sonntag eine Mitte. Ja, der missgestaltete kleine Wandelstern, der Günther hieß, fing selbst an, um diese Mitte zu kreisen.

Freilich, Günther schoss sich nicht etwa mit einem großartigen Knall und einer Feuergarbe in seine Bahn. Als ihm zum ersten Mal aufging, dass es überhaupt irgendeine Mitte geben könne, war das mehr wie der gedämpfte scharrende Laut, mit dem jemand hinter der geschlossenen Tür ein Streichholz anzündet, und wie der schwache Lichtschimmer, der dabei unter der Tür hervordringt. Zunächst spürte er es, ohne zu begreifen. Und er spürte es zum ersten Mal in dem Gottesdienst an jenem Augustsonntag draußen im Buchenwald.

Die Schwestern von Haus Patmos waren schon zeitig da und brachten die Kinder, die kräftig genug waren, zu dem Gottesdienst hinaus. Günther hockte halb sitzend, halb liegend in seinem Bettchen und sah die Kirchgänger zu diesem Platz hinströmen, als sei dort die Mitte der ganzen Welt. Sie kamen gegangen, gehinkt, geschlurft; sie kamen in Rollstühlen, in Wagen, auf Tragbahren. Die Kranken und die Gesunden, die Kräftigen und die Behinderten – hier kamen sie alle zusammen. Scharen von Diakonissen und Diakonen. Hausväter mit ihren

Familien von Männern und Jungen, die körperbehindert, geistig behindert oder beides waren. Hausmütter mit ihren Familien von Frauen und Mädchen in gleichem Zustand. Kräftige, gesunde Arbeiterfamilien. Kriegsversehrte mit einem säuberlich gefalteten und hoch gesteckten leeren Ärmel oder Hosenbein.

Voller Staunen sah Günther zu. Seine Verwunderung schoss wie ein Aufzug in die Höhe, als er hörte, wie die tausend oder mehr Leute anfingen zu singen. Den bärtigen Pastor Kuhlo, der die Posaunen und die Chöre leitete, erkannte er wieder, und sein Herz tat einen Freudensprung. Das Gesangbuchlied fasste er natürlich noch nicht, und nicht die Bedeutung der Worte für ihn und all die vielen an Leib und Seele Geschlagenen, die es sangen:

> »Liebster Jesu, wir sind hier,
> dich und dein Wort anzuhören;
> lenke Sinnen und Begier
> auf die süßen Himmelslehren,
> dass die Herzen von der Erden
> ganz zu dir gezogen werden.
>
> Unser Wissen und Verstand
> ist mit Finsternis verhüllet,
> wo nicht deines Geistes Hand
> uns mit hellem Licht erfüllet;
> Gutes denken, tun und dichten
> musst du selbst in uns verrichten.
>
> O du Glanz der Herrlichkeit,
> Licht vom Licht, aus Gott geboren:
> mach uns allesamt bereit,
> öffne Herzen, Mund und Ohren;
> unser Bitten, Flehn und Singen
> lass, Herr Jesu, wohl gelingen.«

Der große Strom der Töne, die von all diesen Menschen ausgingen und sich in seinen Ohren zusammenfanden, er war es, der ihn an jenem ersten Sonntag seines Lebens, dem ersten wirklichen Sonntag so gewaltig beeindruckte. Mit einem Mal drängte es ihn, zu erfahren, was sie da sangen, warum sie sangen. Es drängte ihn, auch so zu singen wie sie – und aus dem gleichen Grund. Er sah Schwester Mathildes Augen auf sich ruhen. Die Worte »Licht vom Licht, aus Gott geboren« kamen von ihren Lippen und zugleich ein Lächeln, das ganz für ihn bestimmt war. Da schwebte einen Augenblick lang die schwache Andeutung eines Lächelns auch auf seinen Lippen.

»Bald kommt der Onkel Pastor! Bald kommt der Onkel Pastor!«, sang Leni, als sie nach Tisch zum Mittagsschlaf ging.

»Gleich Pastor Fritz Geschichten erzählen! Pastor Fritz Freund von Willi«, verkündete nach dem Mittagsschlaf Willi durch Günthers Bettgitter.

»Onkel Pastor« oder »Pastor Fritz« war niemand anderes als Ernst Friedrich Franz von Bodelschwingh, der Leiter dieser großen Krankensiedlung, die sich über Bethel hinaus erstreckte. Wer ihn gern hatte – und das waren praktisch alle –, der nannte ihn einfach »Pastor Fritz«.

Aber die Kinder in Haus Patmos nannten ihn »Onkel Pastor«. Wenn sie ihn am Sonntagnachmittag die Treppe heraufkommen hörten, kamen ihm alle, die laufen konnten, entgegengerannt. Wer nicht aus dem Bett konnte, rief seinen Namen. Wer nicht seinen Namen rufen konnte, klatschte in die Hände, so gut es ging. Die Kinder, die auch das nicht konnten, grüßten ihn mit ihren Blicken. Und dieser Mensch hatte ein so aufmerksames Herz, dass er den Gruß der Schwächsten am besten hörte.

Der Raum war voll von Patmos-Kindern, und in ihrer Mitte saß Pastor Fritz mit Willi auf dem Schoß, als Schwester Mathilde kam und Günther hereinbrachte. Leise ließ sie sich mit ihm auf einem Stuhl am Rande des Kreises nieder.

Ein wunderschön glänzender kahler Kopf und glänzende Augen – Günther wusste selbst nicht, was nun mehr glänzte. Die glänzenden Augen umfassten mit ihren Blicken den Raum voller Kinder, und jedes Kind fühlte sich ganz persönlich umfasst.

»Unser Freund Jesus hat so viele Geschichten erzählt. Welche möchtet ihr denn heute hören?«

»Die Räubergeschichte!«

»Du meinst die Geschichte von dem Mann, der von Jerusalem nach ... nach ... du liebe Güte, jetzt hab ich's vergessen! Wo wollte er hin?«

»Nach Jericho!«, riefen sie.

»Ach richtig, nach Jericho! Und da geriet er unter die ...«

»Räuber! Und die Räuber haben ihn verprügelt!«

»Kinder, ihr kennt die Geschichte ja so gut, ich glaube, die müssen wir mal spielen! Wenn ich den Mann spiele, der nach Jericho geht, wer von euch will dann Räuber sein? Wer der Priester? Der gute Samariter? Der Wirt?«

Irgendwie wurden in dem lauten Durcheinander die Rollen verteilt, und das Spiel fing an. Pastor Fritz, die Hände hinter den Rücken gelegt, kam auf einem Stuhl angeritten. Die Räuber stürzten mit geballten Fäusten hervor. Aber auf einmal blieben sie stehen, als wollten sie »Standbilder« spielen und nicht »Die Geschichte vom guten Samariter«.

»Na los, ihr Räuber! Verprügelt mich doch!«, soufflierte der Reiter.

»Das geht nicht, Onkel Pastor!«, jammerten die Räuber. »Wir wollen dir doch nicht wehtun!«

»Ach so – na gut«, sagte der Reiter nachdenklich. »Dann muss ich eben so tun als ob.« Und sofort ließ er sich vom Stuhl herunterfallen und rollte auf den Fußboden, stöhnend und klagend: »O weh, mein Kopf! Mein armer, armer Kopf!«

Aber da kam Leni – sie sollte den Priester spielen, der an ihm vorüberging – schreiend von der Tür zu ihm hingelaufen. Sie riss sich den Bademantel ab, der ihren Priesterrock darstellte, und kniete neben dem armen Opfer nieder.

»Ich will kein Priester sein!«, rief sie schluchzend. »Ich will meinem Onkel Pastor helfen!«

»Natürlich, das tust du ja! Bestimmt, ganz bestimmt!«, tröstete er sie, stand auf und hob auch Leni hoch. Er sah sich im Zimmer um, ganz ruhig. Da trat eine lautlose Stille ein.

»Kinder, ihr habt es verstanden«, sagte er. »*Ihr* habt es verstanden. Ihr kleinen Kinder in Haus Patmos wisst, was Jesus uns großen Leuten sagen will. Denn wir haben es nicht verstanden, uns muss man es erst sagen.«

Er lächelte, dass um seine Augen freundliche Fältchen entstanden. »Ich danke euch«, sagte er nach allen Seiten hin.

Und jetzt sah er Günther auf Schwester Mathildes Schoß.

»Ach sieh mal, da ist ja ein neues Kind!« Er zog Günther zu sich heran und setzte sich mit ihm hin. Die beiden schauten einander an, jeder sah tief in den anderen hinein. Pastor Fritz schaute und sah den Jungen in dem verwachsenen, verkrümmten Körper. Der Junge in dem verwachsenen, verkrümmten Körper schaute und sah den Mann, der seinen verwachsenen, verkrümmten Körper nicht sah, der diesen Körper überhaupt nicht sah.

Was sich da ereignete, das war für alle Augen unsichtbar, selbst für die tiefblickenden Augen von Pastor Fritz. Und doch war es so überwältigend, dass man es fast mit einem Anfall vergleichen könnte. Aber es war ein Aufstieg und kein Fall, ein großes Licht statt einer tiefen Dunkelheit. Wie eine Woge überflutete den Jungen eine verschwommene und wirre, aber unbegreiflich wunderbare Vorstellung, dass es möglich sei, zu leben – dass er nicht nur ein Klotz war und auf einer grauen, endlosen Flut der Zeit dahintrieb. Er konnte *leben*. Die Zeit war dazu da, dass man leben konnte. Die Zeit war dazu da, dass man werden konnte. Die Zeit war da, damit er wurde, was er sein konnte. In seinem Kopf ertönten tausend Posaunenklänge. Vor seiner Seele wehten tausend rot karierte Tischtücher.

»Wie heißt du denn, mein Kind?«, fragte Pastor Fritz.

Klar und deutlich antwortete er: »Günther! Ich heiße Günther!«

Die Sprache des Lobpreises

Am ersten Sonntag im August 1921 geschah zweierlei: Einerseits fand Günther sozusagen zu sich selbst. Zum anderen brach an diesem Tage für ihn gleichsam die Ewigkeit in die Zeit ein. Von da an wurde Günther in einer stetigen Bahn um eine Mitte geführt.

Nicht dass ihm dies alles schlagartig klar geworden wäre! Schließlich war er ja erst sieben Jahre alt. Welcher Siebenjährige weiß denn schon, wie man zu sich selbst findet? Welcher Siebenjährige weiß von Zeit und Ewigkeit, weiß etwas davon, dass die Ewigkeit in die Zeit einbricht? Und wenn Günthers verwachsener Körper durch den Mangel an leiblicher Nahrung geschädigt war, so hatten doch weit mehr sein Geist und seine Seele durch den Mangel an Nahrung für Geist und Seele gelitten. Ja, es war geradezu, als seien Günthers Seele und Geist sieben Jahre lang mit Blindheit geschlagen gewesen. Dinge, die Kindern sonst ganz vertraut sind: Wind, Sterne, Sand, Lehm, Kieselsteine, Regenwürmer, Schmetterlinge – Günther kannte sie nicht einmal dem Namen nach. Auch für das neue und köstliche Empfinden, das die Liebe, die ihm hier in Bethel entgegenkam, in seiner Seele geweckt hatte, wusste er keinen Namen. Sieben Jahre alt war er, und doch konnte er nicht sagen: »Ich hab dich lieb«, denn Wörter wie »lieb haben« und »Liebe« fehlten in seinem Wortschatz. Wer keine Liebe kennt, der kann auch das Wort »Liebe« nicht wirklich kennen und gebrauchen. In dem Hinterzimmer, das noch vor kurzem Günthers Welt gewesen war, hatte es keinen Sand, keinen Wind, keine Sterne, Kieselsteine, Regenwürmer oder Schmetterlinge gegeben. Und keine Liebe.

Doch wenn es für seinen Körper zu spät war, sich jemals so zu entwickeln, wie er eigentlich hätte werden sollen – für seinen Geist und seine Seele war es noch nicht zu spät. An jenem Tag erkannte Günther: Er war zum Leben bestimmt – es war für ihn noch nicht zu spät, der zu werden, als der er eigentlich gemeint war. Der Günther, der am Montagmorgen in seinem Bett in Haus Patmos aufwachte, unterschied sich von dem Günther, der dort am Sonntagmorgen aufgewacht war, durch dieses: Er wollte jetzt mit seinem so schwachen Körper, mit seinem erwachten Geist und Gemüt leben. Er wollte Günther sein; wollte der Günther sein, dessen Widerspiegelung er in den Augen von Pastor Fritz gesehen hatte. Das war möglich. Etwas oder jemand wollte das. Nun war es an ihm, an Günther, das zu wollen.

Niemand war glücklicher als der blinde Willi darüber, dass Günther einen neuen Anfang machte. Als Schwester Mathilde kam, um Günther anzuziehen und zum Frühstück zu holen, war Willi schon bei ihm. Er war so aufgeregt, wie es nur je ein Lehrer gewesen ist, dessen bisher träger Schüler plötzlich ganz anders wurde.

»Tante Mathilde! Willi bringt Günther Sprechen bei! Willi bringt Günther Beten bei! Günther, für Tante Mathilde beten!«

»Va-dd-au-ß-ain . . .«

Günther stockte und sah fragend auf seinen Lehrer.

»Vater unser im Himmel. Im Himmel, Günther!«

»Va-dd-au-ß-ain Hi-ml.«

»Gut, Günther! Fabelhaft!«, rief Schwester Mathilde. Sogar Kurt im Nachbarbett lächelte ein bisschen.

Günther begriff bei seinem Neuanfang recht wenig von den Gesangbuchversen, Psalmen, Gebeten und Bibelsprüchen, die sein blinder Lehrer ihm in den nächsten Monaten beibrachte. Wer weiß, ob sein Lehrer sie selbst begriff! Aber weil Willi keine Augen hatte, war er ganz Ohr, und deshalb lernte er so viel nach dem Gehör.

Günther fragte den jungen Diakon, der ihn an diesem Tag zum Buchenwald brachte: »D-du Va-dd-au-ß-ain Hi-ml?«

Es dauerte eine Weile, bis der Diakon die merkwürdigen Laute, die Günther herausbrachte, verstanden hatte. Aber dann lachte er.

»Nein, Günther, ich bin nur eins von seinen vielen Kindern, genauso wie du. Also sind wir Geschwister! Ich bin dein Bruder Hermann. Kannst du ›Bruder Hermann‹ sagen?«

»Bru-r Hä-mann!«, sagte Günther triumphierend.

Ein paar Wochen später, als sein Kehlkopf und seine Stimmbänder sich etwas besser an das Sprechen gewöhnt hatten (obwohl sie – ebenso wie seine Gliedmaßen – niemals lernten, ganz richtig zu arbeiten), beobachtete er still einen fremden Mann, der bei Kurt stand und ihm sacht mit der Hand über den Kopf fuhr.

»Bis tu o Je-ßu mm-ai-näs Le-bäns Ll-icht?«

»Wie bitte?«, fragte der Mann und sah von dem blassen, schweißbedeckten Gesichtchen – Kurt hatte eben wieder einen Anfall gehabt – zu Günther herüber.

»Bis tu o Je-ßu mm-ai-näs Le-bäns Ll-icht?«

»Wenn ich's nur wäre!«, sagte der fremde Mann bekümmert. »Dann würde ich dieses arme, leidende kleine Geschöpf zu mir nehmen. Nein, ich bin ein Diener von Jesus. Ich bin Pastor Wilm. Und wer bist du?«

» Günther. Ich heiße Günther.«

»Gott segne dich, Günther«, sagte Pastor Wilm und legte ihm die Hand – sie war noch feucht von Kurts dunklen Locken – auf die Stirn. »Ich habe das Gefühl, wir beide werden uns bald sehr gut verstehen.«

Auch Kurt wurde Günthers Lehrer. Er brachte ihm manches bei, was er von dem blinden Willi nicht lernen konnte.

»Was ist das?«, fragte Günther ihn wieder und wieder, denn sein Gehirn – mit zehn Billionen herrschender Zellen das leitende Organ des Körpers – reagierte auf seinen neuen Lebenswillen, indem es die Befehle des Willens an die rund 480 Muskeln des Körpers weitergab.

»Ausstrecken! Greifen!«, sagte der Wille, und Günthers Gehirn sandte den Befehl an die Muskeln weiter. Die waren zuerst steif und hartnäckig. So entstand ein Kampf zwischen den hartnäckigen Muskeln und dem hartnäckigen Willen. Schließlich siegte der Wille: Günthers Hand streckte sich vor und berührte ein feuchtes, träges Lebewesen, das sich sogleich in eine starre, gewundene Schale zurückzog.

»Was ist das?«, fragte Günther.

»Eine Schnecke«, sagte Kurt.

»Den rechten Fuß heben!«, kommandierte Günthers Wille, und das Gehirn sandte den Befehl zu den Muskeln im rechten Bein. Wieder der gleiche Kampf wie vorhin. Wieder siegte der Wille, und die Muskeln hielten das dünne, weiße, gekrümmte rechte Bein in einen Flecken des bernsteinfarbenen Lichtes, das schimmernd durch die Zweige drang. Ein Insekt mit schlankem Leib und vier leuchtenden Flügeln, dunkelgelb und schwarz, ließ sich auf seinen Zehen nieder.

»Was ist das?«, fragte Günther.

»Ein Schmetterling«, sagte Kurt.

Mittlerweile waren die Siege Günther in den Kopf gestiegen. »Aufstehn und gehen!«, befahl sein Wille, und das Gehirn sandte das unbesonnene Kommando an die Muskeln weiter. Die schmerzenden Muskeln in seinen steifen Armen und Beinen mühten sich ab, bis sie schließlich den Körper in eine kauernde Haltung brachten.

»Auf! Auf!«, tobte der Wille. »Aufstehn!« Günthers Körper taumelte unsicher in die Höhe und stürzte nach vorn gegen den Stamm einer hundertjährigen Buche.

»Bruder Hermann!«, schrien Kurt und Willi gemeinsam.

»Immer schön langsam, Brüderchen«, sagte Bruder Hermann. Er hob ihn auf und trug ihn wieder nach Haus Patmos. Dort wusch ihm Schwester Mathilde das Blut vom Gesicht ab.

»Auf keinen Fall!«, erklärte Doktor Blümcke bei der wöchentlichen Arztvisite. »Du darfst nicht eher laufen, als bis dein Körper soweit ist.«

Klugerweise sagte der Arzt nichts vom Kriechen. Gewiss, bevor der Mensch laufen lernt, kriecht er. Aber beim Kriechen setzt man die Handflächen auf den Boden. Günthers Hände waren für

38

immer steif nach unten und zum Handgelenk hin gekrümmt. Günthers Wille mochte noch so scharfe Befehle durch die Nerven an Hände und Finger senden – seine Hände und Finger würden ihm niemals helfen zu kriechen, Purzelbäume zu schlagen, eine Tasse, einen Löffel oder einen Bleistift zu ergreifen.

Aber Vorstellungen, Begriffe, Bedeutungen – das war etwas anderes. Günthers Hände konnten zwar nichts fassen – wohl aber sein Verstand. Zwischen den Augen und der Gehirnzentrale war bei Günther nichts verkrüppelt. In diesem Reich herrschten Gesundheit, Vernunft, Gesetzmäßigkeit und Ordnung. Es hatte nur darauf gewartet, dass der König – der Verstand – und die Königin – die Willenskraft – aus ihrem schweren Schlaf der Benommenheit erwachten und die Herrschaft antraten. Jetzt, da die Liebe das königliche Paar – den Verstand und die Willenskraft – geweckt hatte, waren ihre Untertanen, die zehn Billionen Hirnzellen, tatbereit.

»Wenn wir den Körper nicht zum Laufen bringen können«, sagten König Verstand und Königin Willenskraft, »dann angeln wir eben nach Wörtern. Bedeutungen, die Bedeutungen! Wir wollen alle Bedeutungen haben, die wir nur kriegen können!«

Sofort warf das Gehirn seine Netze aus und fischte nach Vorstellungen, Begriffen und Bedeutungen.

Schwester Mathilde brachte Günther zu einem kleinen Klassenzimmer in Haus Patmos, wo Schwester Friedchen etwa zehn Kinder unterrichtete. Da konnte das Gehirn großartig fischen. Günther lernte dort die Zahlen, und seitdem war sein Kopf wie ein Taubenschlag, in dem Zahlen ein und aus flogen. Und all die Farben, die ihn so merkwürdig froh gemacht hatten, das Rot in dem karierten Tischtuch, das Schwarz und Gold des Schmetterlings, dort in dem Klassenzimmer bekamen sie ihre Namen. Er lernte den Wortschatz für räumliche Beziehungen: nah, weit, oben, unten, innen, außen, darüber, darunter, mehr, weniger. Und den Wortschatz der Höflichkeit: bitte, danke, guten Morgen, gute Nacht, auf Wiedersehen.

Hier in diesem kleinen Klassenzimmer fing Günther an, eine Sprache zu lernen, die gerade Bethel kennzeichnet. Natürlich ist es nicht nur die Sprache Bethels. In jedem Volk gibt es Menschen, die sie sprechen und verstehen. Und doch ist es keine internationale Sprache: Es ist eine übernationale Sprache, sie hat gar nichts mit Nationen zu tun. Sie hat es mit dankbaren Herzen zu tun. Seit Bethel ein Ort voller dankbarer Herzen ist, spricht man diese Sprache dort fließend – nämlich die Sprache des Lobpreises.

Man sollte denken, wo so viele Leidende wohnen wie in Bethel, da würde die Sprache des Jammerns geredet. Wo man jede Stunde mindestens vierzig Anfälle zählt, manchmal tausend am Tag und mehr als 200 000 in einem Jahr – da sollte man erwarten, immerfort das gleiche Lied zu hören: »Warum bin ich nur auf der Welt?«

Die Masse der Gesunden will diese Menschen nicht sehen und schiebt sie ab. Und selbst die Gesunden, die dort mit ihnen zusammen leben und sie ständig sehen, müssten – so sollte man meinen – niedergeschlagen sein, verzweifelt und voller Klagen: »Uns blutet das Herz beim Anblick dieser unheilbar Kranken. Es ist hoffnungslos, einfach hoffnungslos.« Aber das Wort »hoffnungslos« gibt es nicht in der Sprache des Lobpreises, die man in Bethel so gut spricht. Die Sprache des Dankes ist in Bethel stärker als die der Klage.

Niemand lernte die für Bethel so kennzeichnende Sprache des Lobpreises schneller als Günther. Er, der gerade aus einem öden, lieblosen Hinterzimmer in dieses heitere Tal voller Liebe gekommen war, konnte diese Sprache gar nicht schnell genug lernen. Seine Lehrer brauchten ihn nicht im Geringsten zu treiben. Es zog und trieb seine Seele und seinen Geist immerzu. Ja, ähnlich wie all das Strecken und Greifen in dieser Zeit seine Muskeln schmerzte, ähnlich schmerzlich wollten seine Seele und sein Geist über sich hinaus.

Bis zum Geburtstag von Pastor Fritz Mitte August hatte Günther einen Lobpreis aus einem Psalm Davids gelernt. Den sollte er ihm dann aufsagen. Wenn Pastor Fritz oder seine Frau Julia Geburtstag hatten, wurden sie in alle Pflegehäuser von Bethel eingeladen. Aber nach Haus Patmos kamen sie immer zuerst, denn die Patmos-Kinder hatten den ersten Platz in ihren Herzen. Als sie die Geburtstagstorte mit Fruchteis gegessen hatten, sangen die Kinder Lieder für ihn. Manche schenkten ihm Bilder, die sie ihm gemalt hatten. Pastor Fritz nahm nacheinander jedes Kind in den Arm und zog es an sich. »Danke schön, Liebling, danke!«

Die Kinder, die nicht sprechen konnten, drängten sich in ihrer Freude an ihn. Manche machten sich an seinem kahlen Kopf, seinem Schnurrbart und sogar an seinen Nasenlöchern zu schaffen. Henrik, der seine zitternden Hände nicht beherrschen konnte, gab dem Geburtstagsgast allem Anschein nach Schläge. Da löste sich Leni aus der Reihe der Wartenden und lief zu ihm hin.

»Du sollst meinem Onkel Pastor nicht wehtun!«, sagte sie heftig zu Henrik.

»Das sind liebevolle Klapse, kleine Freundin«, erklärte Pastor Fritz und setzte Leni auf sein anderes Knie. »Je stärker Henrik mich schlägt, desto lauter sagt er, dass er mich lieb hat.«

»Ich habe dich ganz schrecklich lieb, Onkel Pastor, aber schlagen will ich dich nicht.«

»Du kannst mich umarmen und mir einen Kuss geben.«

»Wie viel Jahre bist du?«

»Vierundvierzig.«

»Dann kriegst du vierundvierzig Küsse von mir.« In Wirklichkeit konnte Leni nur bis vier zählen. Sie gab ihm also vier Küsse und dann noch einmal vier. Für sie war das so viel wie vierundvierzig.

Günther dachte fast, er käme überhaupt nicht mehr bis zu Pastor Fritz, so langsam rückte die Reihe vor. Aber wenn er nun seinen Psalmvers vergaß? Als er in seinem Rollstuhl, den die

41

Männer in der Tischlerwerkstatt von Haus Klein-Nazareth für ihn gemacht hatten, endlich bei dem Geburtstagsgast angelangt war, hatte er den Spruch vergessen. Das war nicht etwas, wobei die Muskeln den Befehlen des Verstandes nicht gehorchten. Nein, der Verstand konnte sich einfach nicht auf die Worte besinnen. Sprachlos saß Günther da. Gar nichts aus seinem neuen Wortschatz kam ihm zu Hilfe, nicht einmal ein höfliches Wort. Nicht einmal »Ich gratuliere dir«!

»Ah, du bist das, Günther! Siehst du aber fein aus! Julia, das ist Günther, mein neuer Freund. Günther, das ist Frau Julia, meine Frau.«

Langsam hob Günther den gesenkten Blick zu dem Gesicht einer Frau, der ihre Güte so schlicht und natürlich stand wie ihr handgewebtes Kleid. Sicherlich hatte sie sich am Morgen sorgfältig das Haar aufgesteckt, aber mittlerweile war der Knoten verrutscht, und kleine Strähnen baumelten ihr in den Nacken. Sie merkte so etwas nie, weil sie sich nie die Zeit nahm, in den Spiegel zu gucken. An diesem warmen Augusttag sah sie so rot und nett wie ein Apfel aus; und ebenso wie ein Apfel hatte sie gar keine Ahnung, wie nett und gut und freundlich sie aussah.

Günthers Geist tat einen dreifachen Freudensprung, und plötzlich fiel ihm wieder ein, was er dem Ehrengast als Geschenk sagen wollte: »Ich will den Herrn preisen allezeit, sein Lob soll immerdar in meinem Munde sein.«

So weit hatte Tante Friedchen es Günther beigebracht, aber Pastor Fritz wusste den Psalm noch weiter. Mit klingender Stimme fuhr er fort: »Meine Seele rühme sich des Herrn; die Gebeugten mögen es hören und sich freuen.«

Frau Julia setzte da ein, wo er aufhörte. Sie beugte sich zu Günther herunter, legte ihre Hand auf seine verwachsene Hand und sagte so, als spräche sie nur zu ihm: »Erhebet den Herrn mit mir und lasset uns alle seinen Namen erhöhen!«

Gleich nach Günther kam Manfred an die Reihe, der Hunderte

von Tatsachen und Zahlen im Kopf hatte, aber fast gar keinen Sinn begriff.

»Du bist am vierzehnten August achtzehnhundertsiebenundsiebzig geboren. Du bist vierundvierzig Jahre alt. In zehn Jahren bist du vierundfünfzig, in zwanzig Jahren vierundsechzig, in dreißig Jahren vierundsiebzig.«

»Manfred, Manfred«, sagte Pastor Fritz lachend. »Eines Tages wird jemand eine neue Rechenmaschine erfinden und sich dafür dein Gedächtnis zum Modell nehmen.«

»Seht ihr wohl, Kinder?«, rief eine wohl bekannte Stimme. »Ich lobe Gott mit meiner Posaune. Manfred lobt Gott mit Zahlen.« Pastor Kuhlo, die Posaune im Arm, dass man fast glauben konnte, sie sei an ihm festgewachsen, kam zur Tür herein und stellte sich hinter Pastor Fritz und Frau Julia auf. »Manfred, du musst bitte unser Anführer sein für vierundvierzig Hallelujas. Das Lied heißt so, Kinder:

> Alles fröhlich sing und kling
> für unsern Pastor Bodelschwingh.
> Halleluja, halleluja!

Vierundvierzig Hallelujas, Manfred, nicht mehr und nicht weniger!«

Pastor Kuhlo setzte die Posaune an die Lippen, und dann hallten fröhliches Lachen und laute Hallelujas durch den Raum – bis Manfred schrie: »Vierundvierzig!« Für einen Fremden, der die Sprache des Lobpreises nicht kannte, hätte der Gesang vielleicht wie eine hängen gebliebende Schallplatte geklungen. Aber auf alle, die an dem Tage dabei waren, wirkte er etwa wie Händels »Messias«, wenn nicht noch herrlicher.

Nur ein Kind sang das 45. Halleluja, und das war Monika, die in all den zehn Jahren, seit sie hier war, noch nie ein Wort gesagt hatte. Von da an bestand ihr Wortschatz aus diesem einen Wort – bis sie später bei einem anderen aufregenden Festtag voller Singen das Wort »Hosianna« dazulernte. Sie sprach es allerdings

43

»Susannah« aus. Mit diesen beiden Wörtern, »Luujah« und »Susannah«, begrüßte sie morgens die Welt. An manchem Abend sang Monika die Patmos-Kinder mit ihren zwei Worten zu selbst erfundenen Weisen in den Schlaf.

Als Günthers erster Monat in Bethel zu Ende ging, hatten sich so viele Sinn-Quellen in seinem Geiste aufgetan, dass vermutlich sein Geist den farbig angestrahlten Niagarafällen glich. Nicht alle waren muntere Quellen. Eine brach hervor und floss in einer stillen, traurigen Unterströmung weiter. Es war die wachsende Einsicht, dass die meisten Kinder in Haus Patmos und sehr viele Patienten in Bethel auf andere Weise krank waren als er selbst. Es war die Erkenntnis, dass irgendwann und irgendwie etwas in ihrem Gehirn falsch gelaufen war.

Was da falsch gelaufen war, begriff Günther natürlich nicht, aber dass etwas falsch gelaufen war, merkte er sehr deutlich. Jeden Tag sah er die Zeichen und Merkmale dafür, dass seine Freunde, die ersten Freunde seines Lebens, vor, bei oder nach der Geburt einen Gehirnschaden erlitten hatten.

Beispielsweise Henrik. Er konnte seine Bewegungen nicht beherrschen, seine Gliedmaßen zitterten und zuckten krampfhaft, seine Hände und Füße kamen fast nie zur Ruhe. Ihn zu füttern war eine Aufgabe, die unendliche Geduld verlangte, denn sein Kopf schlug immerfort hin und her. Manchmal pressten sich seine Zähne aufeinander. Dann musste die Schwester warten, bis der Krampf vorbei war, ehe sie ihm wieder den Löffel in den Mund geben konnte. Zum Teil floss das Essen auf den Tisch zurück. In Henriks Gehirn herrschte keine Ordnung, sondern ein großes Durcheinander. Die Befehle gingen zur unrechten Zeit in alle möglichen falschen Richtungen an die falschen Muskeln. Dadurch bewegten sich seine Muskeln so, wie Henrik selbst es am allerwenigsten wollte.

Weiter waren da Leni, Manfred und viele andere Kinder in Haus Patmos, die laufen und sprechen konnten, die sich allein anziehen und ohne Hilfe essen konnten. Aber auch in ihrem

Gehirn war etwas nicht in Ordnung, denn sie alle hatten Anfälle. Diese Anfälle überkamen sie so plötzlich und unerwartet, wie jemanden ein gewaltiges Niesen oder ein Schluckauf überkommt. Nur ein winziger Augenblick, und statt Fröhlichkeit und Wohlbefinden herrschte ein einziges Wirrwarr.

Manche hatten ganz leichte Anfälle: ein komisches Gefühl, dann ein starrer Ausdruck im Gesicht, ein leichter Dämmerzustand. Nur für einen Augenblick.

Bei anderen waren die Anfälle stärker. Tieferer Dämmerzustand, Schwindelgefühl, schwache Zuckungen, der Kopf sackte nach unten.

Wieder andere Anfälle – Günther sah sie fast täglich – waren heftig wie Erdstöße. Ein plötzlicher Schrei, den manche mit dem heiseren Ruf eines Pfaus verglichen haben. Der Körper stürzt zu Boden, er krümmt und windet sich. Gänzliche Bewusstlosigkeit. Völliges Durcheinander im Gehirn. Und die 480 Muskeln des Körpers gehorchen diesem grenzenlosen Ungehorsam und Aufruhr. Der Körper wird von Krämpfen geschüttelt.

Aber alle miteinander, von den geistig und körperlich Kräftigsten bis zu den Schwächsten, alle kannten und verstanden die Sprache des Lobpreises. Sogar die taubstumme und schwer geistig behinderte Dora, die nur quieken konnte. Man brauchte ihr bloß in die Augen zu sehen, um zu wissen, dass ihre Quiekser reine Wonne ausdrückten, denn die Augen sagen alles.

»Ich hab dich lieb«, sagten ihre Augen, »und ich bin der glücklichste Mensch auf der Welt!«

Eine Seele gab es in Haus Patmos, die widersprach Doras Augen. Denn diese Seele war fest überzeugt, dass der glücklichste Mensch auf der ganzen Welt ein Junge war – und der hieß Günther.

Alles hat einen Knacks

Kurt hatte unter allen Freunden Günthers in Haus Patmos die meisten Anfälle und auch die schwersten. Mit jeder Gehirn-Attacke wurde er körperlich hinfälliger. Und doch war es Kurt, der Günther reicher beschenkte als alle anderen Patmos-Kinder – nämlich mit der Schilderung einer harmonischen Familie, mit dem lebendigen Bild eines irdischen Zuhauses voller Liebe. Das hing nun an den kahlen Wänden von Günthers Vorstellungswelt.

Solange abends im Schlafraum das Licht noch nicht ausgedreht war, pressten die beiden Jungen das Gesicht gegen die Bettgitter und redeten miteinander. Der eine goss die überströmende Liebe zu seinem Zuhause dahin, wo bei dem anderen eine Leere war. Er goss sie so reichlich aus, dass Günther anfing, Kurts Eltern im Gespräch »Mami« und »Vati« zu nennen, als seien es seine eigenen Eltern.

»Wie hieß Mami eigentlich?«, fragte Günther einmal.

»Rahel. Vati nannte sie manchmal ›Rahel, du meine Freude, mein Juwel, meine Jüdin‹. Dann hob er mich hoch und umarmte mich und nannte mich ›Benjy‹.«

»Wieso Benjy? Du heißt doch Kurt.«

Also musste Kurt ihm die biblische Geschichte von Jakob, Lea, Rahel und den zwölf Söhnen erzählen. Benjamin war der jüngste. Der war Jakobs liebstes Kind, weil er Rahels Sohn war, und Jakob liebte Rahel am meisten.

»Verstehst du, Jakob und Isaak und Abraham sind meine Vorfahren.«

»Das sind bloß drei«, sagte Günther, voller Stolz, dass er mit den Zahlen Bescheid wusste.

»Ach, wo denkst du denn hin!«, lachte Kurt, und dann erklärte er Günther, wie das mit den »Vorfahren« gemeint ist.

»Sind denn Jakob und Isaak und Abraham auch meine Vorfahren?«, fragte Günther.

»Eigentlich nicht, weil du kein Jude bist. Sie waren auch nicht Vatis Vorfahren. Vati war kein Jude. Aber wir haben alle jüdischen Feste gefeiert – das Fest der Tempelweihe, das Purimfest, das Passahfest. Und die christlichen Feste auch – Advent, Weihnachten und Ostern. Alle Feste haben wir gefeiert, Vati, Mami und ich. Aber am meisten Weihnachten.«

»Weihnachten, was ist das?«, fragte Günther.

Entsetzt fuhr Kurt in seinem Bett hoch. »Du willst doch nicht etwa sagen, dass du nicht mal weißt, was Weihnachten ist?«

»Wir haben nie irgendwas gefeiert«, antwortete Günther kleinlaut.

In dem Augenblick ging das Licht aus.

Günther flüsterte im Dunkeln: »Meinst du, dass wir hier in Bethel Weihnachten feiern werden?«

»Natürlich! Hier in Bethel feiern wir alles! Hier ist es ganz wie zu Hause. Schlaf jetzt, Günther. Ich bin müde.«

Aber ein Weilchen später hörte Günther, dass Kurt halblaut vor sich hin sagte: »Nicht ganz wie zu Hause«, und dass er leise weinte. Günther lag im Dunkeln da und machte sich Gedanken. War es besser, wenn man ein wunderschönes, liebevolles Zuhause gehabt und es verloren hatte – oder war es besser, wenn man so ein Zuhause nie kennen gelernt hatte? Bald weinte auch er still vor sich hin, über den großartigen Vati, der Professor war, der gegen Kriegsende eingezogen wurde wie damals alle, der an die Front kam und gleich am ersten Tag dort fallen musste. Über die hübsche Mami, die so dunkle Locken hatte wie Kurt und die in der Grippe-Epidemie nach dem Krieg gestorben war. Über diesen schönen Jungen, diesen Benjy, der auch die Grippe gekriegt hatte, dann die Masern und dann diese Anfälle, und der jetzt immer schwächer wurde.

Am nächsten Morgen stand Willi schon zeitig zwischen ihren beiden Betten. Ihm war es ebenso klar wie Günther, der es mit seinen Augen sah, dass Kurt in dieser Frühe einen Anfall hatte und in heftigen Krämpfen lag. Endlich hörten das Schütteln und die Zuckungen des Körpers auf, kraftlos und erschöpft lag er da. Allmählich kam er aus seinem geistigen Dunkel wieder zum Bewusstsein und öffnete die Augen.

» Ich glaube, bald komme ich zu Vati und Mami.«

»Nein!«, rief Günther heftig.

Vorwurfsvoll wandte ihm Willi das blinde Gesicht zu. »Nich' nein sag'n! Zuhause in Himmel gut. In Himmel am allerschönsten.«

»Nein, nein, nein«, schluchzte Günther.

»Günther, Willi sing' von Zuhause in Himmel«, sagte Willi, der so wenige Wörter, aber so viele Lieder kannte.

> »Jerusalem, du hoch gebaute Stadt,
> wollt Gott, ich wär in dir!
> Mein sehnlich Herz so groß Verlangen hat
> und ist nicht mehr bei mir.«

»Ich weiß, wann ich da sein werde!«, sagte Kurt, und seine Stimme klang fest und fröhlich. »Zu Weihnachten!«

So kam es, dass Günther seinem ersten richtigen Weihnachtsfest mit sehr geteilten Gefühlen entgegensah. Einerseits war es, als ob er einen neuen Stern entdeckte: Zuerst war da ein winziges Lichtpünktchen am Himmel, das wurde von Tag zu Tag größer, bis es schließlich der größte und hellste Stern war. Andererseits war es aber, als ob eine dunkle Wolke dicht über dem Horizont auftauchte, und die Wolke wurde auch von Tag zu Tag größer. In der ganzen Zeit, als Günther nach und nach eine klarere Vorstellung von Weihnachten bekam, ging sein Freund Kurt nach und nach dem Tode entgegen.

Nicht dass dieses Aufeinanderprallen der Gefühle im Geringsten seine tägliche Freude über täglich neue Entdeckungen gestört hätte! Das erregende Bewusstsein: »Ich lebe, ich lebe!«, das er in Bethel zum ersten Mal kennen gelernt hatte, wurde umso stärker, je mehr er Bethel als sein Zuhause empfand. Sein Körper entwickelte immer mehr den Drang, sich zu rühren und zu strecken. Da er nicht laufen durfte und nicht kriechen konnte, fand er andere Möglichkeiten, sich zu bewegen. An einem besonders warmen und sonnigen Herbsttag rollte er im Buchenwald von der Wolldecke herunter. Dabei merkte er, wie viel Spaß es macht, wenn man über vertrocknete, runzelige Buchenblätter rollt und sie knistern hört. Am gleichen Tag entdeckte er einen Haufen Marienkäfer, die gerade ihr Winterquartier bezogen.

»Da, guck mal!«, rief er, »so viele! Die kann nicht mal Manfred zählen!« Und das stimmte. Diesmal reichten die Zahlen nicht aus, die Manfred im Kopf hatte. Bei den Marienkäfern versagte das statistische Triebwerk seines Gehirns.

Am ersten Adventssonntag hoben sich die gegensätzlichen Empfindungen, mit denen Günther auf Weihnachten zuging, nahezu auf. Um drei Uhr war das Angstgefühl praktisch verschwunden. Bis dahin war alles neu und erregend schön. Zum Wecken läutete nicht wie sonst eine Glocke, heute gingen die Schwestern von Haus Patmos mit brennenden Kerzen in den Händen durch alle Schlafräume und sangen das schöne Adventslied von Paul Gerhardt:

> »Wie soll ich dich empfangen
> und wie begegn ich dir,
> o aller Welt Verlangen,
> o meiner Seele Zier?
> O Jesu, Jesu, setze
> mir selbst die Fackel bei,
> damit, was dich ergötze,
> mir kund und wissend sei.«

Dann erklang vom Berg der Zionskirche her, gespielt von Pastor Kuhlos Bläserchor, das Lied: »Macht hoch die Tür, die Tor macht weit, es kommt der Herr der Herrlichkeit«. Damit auch bestimmt jeder, aber wirklich jeder in jedem Haus von Bethel diese aufrüttelnde Musik hören konnte, zog der Bläserchor den

Berg herunter zum ersten Haus von Bethel, Alt-Ebenezer, dann den steilen Jägerbrink hoch am Diakonissen-Mutterhaus Sarepta vorbei, weiter den Berg hinauf zum Bethelweg und über den Saronweg wieder herunter. Vor Haus Patmos machten sie Halt und spielten das Kinder-Weihnachtslied: »Ihr Kinderlein, kommet, o kommet doch all«.

Jeder Raum in Haus Patmos war an diesem Morgen vom herben Duft des Tannengrüns erfüllt. In jedem Raum war ein Adventskranz aufgehängt, mit vier weißen Kerzen für die vier Adventssonntage. Der größte Kranz hing im Speisesaal über dem Mitteltisch. Seine erste Kerze wurde nicht angezündet, solange Pastor Fritz noch nicht da war. Er kam nach der Mittagsruhe. Günther sah gleich, dass es diesmal anders sein würde als sonst, wenn Pastor Fritz um diese Zeit eine biblische Geschichte erzählte. Frau Julia war nämlich dabei und hatte einen Korb in der Hand, der mit roten Bändern geschmückt war. Und in dem Korb lagen lauter Lebkuchensterne. Ihre Zacken waren mit Punkten von Zuckerguss verziert.

Die Stimmung der Patmoskinder war nach den bisherigen Ereignissen des Tages schon sehr gestiegen. Vielleicht zu sehr. Jetzt, da der Onkel Pastor und seine Frau bei ihnen waren, wurde ihr lautes Rufen geradezu ohrenbetäubend. Als beide sich zu ihnen unter den Adventskranz setzten, erhob sich ein ungeheures Jubelgeschrei. Die Kinder steckten sich gegenseitig an mit ihrer gewaltigen Freude, und so herrschte bald im ganzen Raum – ohne dass auch nur ein Kind es gewollt hätte – ein Riesenspektakel.

»Sch-sch! Seid still, Kinder, seid doch still!«, riefen die Patmos-Schwestern und sprangen erschrocken auf. Aber der grenzenlose Jubel steigerte sich immer mehr. Pastor Fritz bedeckte das Gesicht mit den Händen und legte den Kopf auf den Tisch. Da ließ der Lärm nach und bald trat Ruhe ein. Ehe die Stille so übermäßig werden konnte wie vorher das Getöse, hob Pastor Fritz lächelnd den Kopf. Es herrschte Schweigen im ganzen Raum.

»Ja, Kinder, jetzt kann ich Advent hören! Ihr wisst doch, Advent ist eine stille Zeit, da bereiten wir uns im Herzen auf das Christuskind vor, das bald geboren wird. Ich möchte gern, dass ihr heute ein Gebet lernt. Es ist von Martin Luther und steht in dem Lied, das er für seine eigenen lieben Kinder geschrieben hat. Jetzt hört mal ganz gut zu!

> Ach mein herzliebes Jesulein,
> mach dir ein rein sanft Bettelein,
> zu ruhn in meines Herzens Schrein,
> dass ich nimmer vergesse dein.«

Die Kinder sprachen es ihm folgsam nach. Als sie es so gut gelernt hatten, wie sie eben konnten, sangen sie den Vers mit gefalteten Händen und gesenkten Köpfen.

Als Günther dann den Kopf wieder hob, war sein Angstgefühl ganz und gar verschwunden. Wenigstens glaubte er das. Vielleicht brach deshalb seine Freude nachher so plötzlich zusammen und wurde zerstört.

»Schwester Friedchen, wer zündet denn dieses Jahr die erste Adventskerze an?«, fragte Pastor Fritz.

»Wir haben uns gedacht, dies Jahr sollte Kurt das tun«, war Schwester Friedchens Antwort. Sie hob Kurt aus dem Wagen, in dem er jetzt gefahren wurde, weil er zum Laufen zu schwach war, und gab ihn Pastor Fritz in die Arme. Der glänzende kahle Kopf neigte sich auf den dunkellockigen Kopf, und einen Augenblick lehnte sich eine gerötete Wange an eine blasse, magere Wange.

»Benjamin, mein Kind! O mein kleiner Benjy!«

Voller Verwunderung sah der Junge auf. Seine Hand tastete nach dem Gesicht von Pastor Fritz und fühlte dort etwas Feuchtes.

»So hat mein Vati mich genannt! Woher weißt du das?«, flüsterte er, und seine dunklen Augen glänzten.

Gespannt sahen die Kinder, wie Schwester Friedchen dem

51

Jungen ein kleines brennendes Licht in die Hand gab und wie er sich nach der großen Kerze am Adventskranz ausstreckte, die noch nicht angezündet war. Doch ehe die Flamme der einen Kerze den Docht der anderen berühren konnte, fiel das brennende Lichtchen herunter. Ein seufzendes Stöhnen kam über Kurts Lippen, und ein Krampf nach dem anderen schüttelte seinen Körper. Rasch nahm ihn Schwester Friedchen auf den Arm und verließ mit ihm den Raum.

Frau Julia hatte das Lichtchen gerettet. Pastor Fritz zündete ruhig die große Kerze an und sang dabei den Gebetsvers. Seine Frau und die Schwestern stimmten ein. Nun brannte die Adventskerze; der Gesang wurde stärker, als nach und nach auch einige Kinder einfielen.

Aber da stieß Günther in seiner plötzlich wiedergekehrten Angst und Not aus voller Kehle einen gellenden Schrei aus, der den Gesang verstummen ließ.

»Alles hat einen Knacks!«

Alle drehten sich nach Günther um und sahen ihn an, aber Günther schaute nur auf ein Gesicht. Noch einmal schleuderte er seine wilde, verzweifelte Klage diesem Gesicht entgegen:

»Alles hat einen Knacks!«

Jetzt waren sämtliche Blicke erwartungsvoll auf Pastor Fritz gerichtet. Der sah Günther an, und einen Augenblick schien es, als ob die zentnerschwere Last von Schmerz und Leiden, die sich in Bethel zusammenballt, Pastor Fritz erdrücken wollte.

Für Günther war das Gefühl der gespannten Vorfreude auf Weihnachten praktisch ausgelöscht durch jenes andere, das Gefühl der Angst. Seine Klage wurde zum Hilferuf: »Was ist denn so Großes an Weihnachten?«

Die kleine Kerze sank auf den Tisch. Gleichmäßig tropfte das Wachs herunter. Frau Julia langte nach ihr, blies sie aus und fasste die Hand von Pastor Fritz. Seine Hand klammerte sich fest an ihre.

Die Stille tat weh von dieser Not Günthers und der Patmos-

Kinder. Die Not der anderen Kinder war nicht Günthers Not, aber sie spürten, dass Günthers Not über ihren geliebten Onkel Pastor gekommen war.

»Kinder«, sagte er endlich, wandte sich von Günther zu ihnen, ganz persönlich, mit einer Bitte an sie, und jeder Einzelne empfand, wie persönlich diese Bitte war: »Günther möchte wissen, was das Große an Weihnachten ist. Es ist nötig für Günther, zu wissen, was das Große an Weihnachten ist. Und ihr seid nötig für mich, ihr müsst mir helfen, ihm das zu sagen. Bitte, helft ihr mir?«

Günthers Hilferuf konnten die schwachen und von Krankheit verstörten Patmos-Kinder zwar nicht fassen, aber Onkel Pastors Bitte um Hilfe, die hörten sie wohl. Sie gingen eifrig daran, mit ihren armen Köpfen zu arbeiten, so gut das den armen, geschädigten Gehirnen nur möglich war. Um eine solche Bitte zu erfüllen, musste man sein Gehirn schon tüchtig anstrengen, das begriffen sie.

Manfred war der erste, der aufstand und das Ergebnis seiner Denkarbeit vorbrachte: »Weihnachten ist im Dezember. Dezember ist der zwölfte Monat. Weihnachten ist am Fünfundzwanzigsten. Am fünfundzwanzigsten Tag im zwölften Monat.«

»So ist es. Schönen Dank, Manfred!«, sagte Pastor Fritz, und Manfred setzte sich.

Monika sprang auf und strahlte Pastor Fritz an. »Luujah! Susannah!«, sang sie und setzte sich wieder hin.

»Danke sehr, Monika«, sagte Pastor Fritz. »Kann sonst noch jemand Günther sagen, was das Große an Weihnachten ist?«

Ganz unten am Tisch erhob sich Petra; sie war die älteste Patientin in Haus Patmos, fünfunddreißig Jahre alt, aber ihr Verstand war fünf Jahre jung. Sie war als treue Helferin für die kleinen Kinder in Patmos geblieben, und auch jetzt bot sie wieder ihre Hilfe an. Schließlich hatte sie die Weihnachtsgeschichte ja schon oft gehört.

»Weihnachten ist so groß, weil Gott uns da seinen Sohn Jesus geschickt hat, unsern Heiland.«

»Das ist wahr, Petra. Dankeschön! Aber warum? Warum, Kinder, hat Gott uns seinen Sohn als Heiland geschickt?«

Willi hatte in allen Liedern und Psalmen gesucht, die er auswendig konnte. Jetzt sprang er auf. »Die Gefangenen Israels erlösen!«, rief er.

»Sehr gut, Willi. Danke!« Aber Pastor Fritz schien noch immer auf eine andere Antwort zu warten.

Leni, die in vollkommener Nachahmung von Onkel Pastor das Gesicht mit den Händen bedeckt und auf den Tisch gelegt hatte, mühte sich ab und zerbrach sich den Kopf. Warum, oh, warum nur hatte Gott uns zu Weihnachten seinen Sohn geschickt? Und schließlich brach in diesem dämmernden Gehirn ein großes Licht hervor. Leni kletterte auf ihren Stuhl und von da auf den Tisch.

»Darum«, rief sie siegesgewiss, »weil alles einen Knacks hat!«

Pastor Fritz ging auf Leni zu und schloss sie in seine Arme. Von ihrer stolzen Höhe aus konnte sie ihn begeistert auf den Kopf küssen. Dann kniete Pastor Fritz neben Günthers Stuhl nieder. Ihre Blicke trafen sich. Auf dem gleichen Weg, auf dem der Schmerz so rasch von einem zum andern gelangt war, kam das strahlende Vertrauen wieder.

»Es ist wahr, Günther, dass alles einen Knacks hat. Gott sieht den Knacks besser als wir, und der Knacks ist noch viel, viel schlimmer, als wir glauben. Und darum hat Gott seinen Sohn aus der himmlischen Heimat auf unsere Erde geschickt. Nicht damit er den Knacks überkleistert, sondern damit er alles ganz neu macht. Das ist das Große an Weihnachten, Günther.«

Mit einer Hand hatte Pastor Fritz Leni gefasst; mit der anderen ergriff er Günthers rechte. »Diese Hand wird nie schreiben können, Günther, aber dein Geist ist klar und gesund. Ich werde Gottes Heiligen Geist bitten, dass er deinen Geist bei der Hand nimmt, dass er ihn führt und dir geduldig die volle Bedeutung von Lenis großer Antwort auf deine sehr gute Frage durchbuchstabiert. Günther, ich danke dir für deine Frage. Leni, ich danke dir für deine Antwort.«

Die Adventszeit ging auf Weihnachten zu, voll der Verheißungen Gottes, die Traurigen zu trösten, voller Musik und fröhlicher vorweihnachtlicher Beschäftigungen. Ganz Bethel steckte tief in den Vorbereitungen auf das große Fest. Immer wieder kamen Hauseltern zum Weihnachtshaus, um dort nach dem einzig richtigen Geschenk für einen bestimmten Menschen ihrer Haus-Familie zu suchen. Manche Patienten schmolzen Wachsreste ein und gossen neue Kerzen daraus. Andere machten Kerzenhalter sauber und putzten sie blank. Sämtliche Chöre – die Sänger, die Bläser und das Mundharmonikaorchester – übten noch einmal so viel und so eifrig wie sonst. Die Holzarbeiter schnitten Tannenzweige als Zimmerschmuck, sie fällten für jedes Haus einen Baum und zwei große für die Zionskirche. Die Gärtner schmückten den Altar. Und die Kinder in Haus Patmos bastelten viele Meter Papierketten.

Günther konnte keine Papierketten basteln, aber er konnte die alttestamentlichen Verheißungen, die Advents- und Weihnachtslieder lernen. Das hatte er dem blinden Willi zu verdanken, der sich zu seinem Lehrer machte, so dass er sie alle ganz lernte. Abends, ehe das Licht ausging, sang er die Lieder leise Kurt vor.

Am vierten Adventssonntag holte Schwester Mathilde Kurt in ein kleines Schlafzimmer, das neben ihrem eigenen lag. So konnte sie in den langen Winternächten besser auf ihn Acht geben. Aber als am zweiundzwanzigsten Dezember die Patmos-Kinder in den hell erleuchteten Speiseraum marschiert kamen und dabei »Ihr Kinderlein, kommet« sangen, saß neben Pastor Fritz Kurt auf einem Kissen in seinem Wagen. Vor Pastor Fritz stand eine Weihnachtskrippe, vollständig mit Maria, Josef, dem Jesuskind, mit Ochs und Esel, mit den Hirten, den drei Weisen aus dem Morgenlande, mit den Engeln und dem Stern. Vielen Patmos-Kindern waren die Figuren nun schon ebenso vertraut wie die Weihnachtsgeschichte, aber sie drängten sich so eifrig zur Krippe, um sie zu sehen und die Geschichte zu hören, dass sie kaum auf den Tisch mit einem Geschenk für jedes Kind achteten, der mit einem großen weißen Tischtuch bedeckt daneben stand.

»Darf ich heute Abend, wenn ich euch die Geschichte vom Christuskind erzähle, Kurt ganz dicht bei mir haben?«, fragte Pastor Fritz. »Ihr wisst doch, dies ist Kurts letztes Weihnachten bei uns.«

Die Kinder nickten stumm. Sie wussten alle, dass es Kurts letztes Weihnachten bei ihnen war. Auch Günther wusste es, aber er hatte jetzt keine Angst mehr dabei.

»Und darf ich auch Günther dicht bei mir haben, wenn ich die Geschichte erzähle? Denn es ist Günthers erstes Weihnachten bei uns.«

Schließlich und endlich kamen all die einzelnen Fetzen und Bröckchen über Weihnachten, die Günther während der ganzen Adventszeit mitbekommen hatte, wie die Teile eines Puzzles, an ihren richtigen Platz. Niemand konnte ja die Weihnachtsgeschichte besser erzählen als Pastor Fritz. Wenn er die Schnitzfiguren eine nach der anderen in die Höhe hielt, gab er ihnen damit ihren Platz in den Herzen der Patmos-Kinder; und das waren die Krippen, in denen sie lebendig strahlten. So ärmlich und bescheiden auch diese Herbergen, ihre Herzen, sein mochten, sie hatten doch Raum für all die vielen Tiere, Engel und Menschen. Die Patmos-Kinder waren behindert im Denken, nicht aber in der Anbetung. Sie waren sehr wohl imstande, die Figuren der Weihnachtskrippe als einen anbetenden Kreis rings um den Gottessohn zu stellen. Manche Leute sind der Ansicht, dass eben die Armut ihres Geistes dieses Wunder möglich macht.

Die schlichten Figuren wurden in den Herzen der Patmos-Kinder ganz lebendig. Ja, als Pastor Fritz die Figur des Jesuskindes hochhob, konnte Leni nicht mehr an sich halten, sie rief: »Und jetzt wird Christus geboren, unser Heiland!«

»Luujah! Luujah! Susannah! Susannah!«, sang Monika.

Als dann das Tuch von dem Gabentisch abgenommen wurde, gab es einen neuen Jubel. Alle wussten, was da los war – alle außer Günther. Er hatte noch nie in seinem Leben etwas geschenkt bekommen. Auch als er sah, wie seine Freunde zum Gabentisch hingingen und ein Geschenk bekamen – Leni einen Teddybären, Monika eine Puppe, Willi eine Mundharmonika –, konnte er sich noch nicht vorstellen, dass irgendetwas für ihn dabei sein könnte. Nicht einmal als er seinen Namen hörte, als Schwester Mathilde ihn an den Tisch heranschob und ihm eine lustig bemalte Eisenbahn auf den Schoß legte – nicht einmal dann konnte er wirklich glauben, dass es *seine* Eisenbahn war, die nur ihm allein gehörte; dass er ebenso wie die anderen vor Freude quietschen und schreien konnte: »Guck mal, guck doch mal! Sieh nur, was ich zu Weihnachten gekriegt hab!« Günther betastete jeden Wagen der Eisenbahn – die Lokomotive, den Kohlentender, den Postwagen, den Personenwagen, den Bremswagen. Man konnte sie aneinander haken und wieder einzeln abnehmen. Sie hatten richtige Räder, die sich drehten. Wenn Günther sich auf den Bauch legte, konnte er den Zug schieben, dass er im Kreis herumfuhr.

»Günther! Günther! Wo bist du denn?«, rief Willi und tastete in der vergnügten Schar um sich. »Guck mal, was ich zu Weihnachten gekriegt hab – eine Mundharmonika!«

»Hier bin ich, Willi!«, rief Günther. »Und was ich gekriegt hab – eine Eisenbahn!«

Auf einmal musste Günther an Kurt denken. Ob Kurt auch ein Weihnachtsgeschenk bekommen hatte? Und wenn nicht – sollte er ihm dann seine Eisenbahn geben? Er ruckelte mit seinem Stuhl, Willi half und schob, so gelang es, dass er wieder zu Kurt kam. Der lag auf seinem Kissen und betrachtete ganz begeistert eine zierlich aus Olivenholz geschnitzte Figur, Mutter und Kind. Warum kam diese Schnitzerei Günther so bekannt vor? Ach richtig, die hatte er ja im Zimmer von Schwester Mathilde gesehen! Günther und Schwester Mathilde tauschten einen Blick aus, und die Schwester schüttelte ganz leicht den Kopf.

»So schön ist sie – die Mutter Maria!«, sagte Kurt. »Ganz wie Mami!«

Am vierundzwanzigsten Dezember dachte Günther gar nicht an Kurt und nicht daran, dass Kurt zu Weihnachten in die Heimat im Himmel kommen wollte. Beim Frühstück fütterte ihn Schwester Anna mit seinem Haferbrei, weil Schwester Mathilde, wie sie sagte, zu tun hatte. Dabei erzählte sie ihm, heute Abend gingen alle Patmos-Kinder, die kräftig genug waren, zur Christvesper in die Zionskirche. Bruder Hermann hatte versprochen, Günther dorthin zu tragen und Willi mitzunehmen. Schwester Anna sagte, etwas Schöneres als die Christvesper am Heiligen Abend in der Zionskirche könnte man sich gar nicht vorstellen. Dann brannten alle Kerzen an den beiden Bäumen neben dem Altar. Und Pastor Fritz überbrachte Botschaften von Bethel-Freunden aus der ganzen Welt. Im vorigen Jahr hatte er den Brief aus Amerika vorgelesen, in dem angekündigt wurde, sie bekämen Kühe geschickt.

»Und Günther, von diesem Weihnachtsgeschenk für die Kinder in Bethel stammt die Tasse Milch hier!«

Den ganzen Vormittag spielte Günther mit seiner Eisenbahn, und Willi übte auf der Mundharmonika »Stille Nacht, heilige Nacht«. Kurz vor dem Mittagessen kam Schwester Mathilde und schob Kurt in seinem Wagen herein.

»Kurt hat mich gebeten, ihn zu euch zu bringen. Er möchte euch jetzt Lebewohl sagen, weil er weiß, dass er bald von uns fortgeht in seine Heimat im Himmel. Kommt ihr bitte alle her und sagt Kurt Lebewohl?«

Willi war als Erster bei ihm. »Du Willis Freund! Willi spiel' für dich ›Stille Nacht, heilige Nacht‹.«

»Nein, Willi«, sagte Schwester Mathilde sanft, »Kurt ist zu müde, um sich dein Spiel anzuhören. Er möchte dir nur die Hand geben und dir Lebewohl sagen.«

So einfach war das. Ein Händedruck – und ein Lebewohl.

»Leb wohl, Willi.«

»Leb wohl, Kurt. Du Willis Freund.«

»Leb wohl, Leni.«

»Leb wohl, Kurt.«

Vielleicht hielt Kurt Günthers Hand ein wenig länger fest. Aber wenn er ihm zuletzt noch etwas Besonderes sagen wollte – er war zu schwach dazu.

»Leb wohl, Günther.«

»Leb wohl, Kurt. Grüß Mami und Vati!«

Einige Zeit später – Bruder Hermann wollte eben Günther und Willi zur Christvesper abholen – kam Schwester Mathilde wieder. »Unser Kurt ist jetzt im Weihnachtssaal – im Himmel. Er hat gesagt, wir sollen nicht traurig sein.«

Und doch rannen die Tränen auf Bruder Hermanns Kragen herunter, als er Günther den Berg hinauftrug.

»Günther«, sagte Bruder Hermann, »weine dich ruhig aus, du brauchst dich deshalb nicht zu schämen. Auch Tränen sind ein Geschenk der Liebe. Aber denke doch, wie reich du bist, dass du einen solchen Freund gehabt hast. Und denke auch daran, wie reich wir alle sind, dass Jesus Christus aus der Heimat im Himmel auf die Erde gekommen ist und als unser Freund unter uns gelebt hat.«

Am zweiten Weihnachtstag band Pastor Fritz alles zusammen – die Traurigkeit und die Freude. An diesem Tag nahmen die Patmos-Kinder endgültig Abschied von ihrem Freund, der nach Haus zum Vater im Himmel gegangen war. Es war nicht ein bisschen beängstigend oder erschreckend, der sterblichen Hülle eines geliebten Menschen nahe zu sein. Jedes Kind, das eine Kerze halten konnte, hatte eine in der Hand. Jedes stellte seine brennende Kerze vor dem schlichten Kiefernsarg nieder. Darin lag Kurt wie ein Schlafender, in den gefalteten Händen sein Weihnachtsgeschenk, die Olivenholzschnitzerei der Mutter mit dem Kind. Pastor Kuhlo spielte auf seiner Posaune »O du fröh-

liche ...«, und die Kinder sangen das Lied von der Weihnachts-
freude, als sei gar nicht der Tod im gleichen Raum. Dann stand
Pastor Fritz am Sarg und sprach. Lange sah er auf den Knaben,
der trotz seiner wächsernen Blässe nur zu schlafen schien.

»Kurt ist nicht sehr lange bei uns gewesen«, sagte er, die
dunklen Locken berührend. »Aber immer, wenn ich diesen
schönen kleinen Jungen sah, dachte ich im Stillen: So muss der
Jesusknabe ausgesehen haben. Ihr wisst ja, Kinder, Kurts Mutter
war Jüdin. Und auch Jesus, unser Heiland, war ein Jude. Es mag
wohl sein, dass er ähnlich aussah wie unser Kurt.«

Pastor Fritz blickte von dem Sarg auf und ließ seine Augen
wandern, bis sie Günther gefunden hatten. »Kurt hat sich ge-
wünscht, in den Himmel zu kommen. Ich glaube, er hatte deshalb Heimweh nach dem Zuhause im Himmel, weil ihm sein
Zuhause hier auf der Erde so lieb gewesen ist. Ihr alle wart seine
Freunde, und ihr habt gesehen, dass er gar keine Angst vor dem
Sterben hatte. Und das ist das Große an Weihnachten. Wir brauchen keine Angst vor dem Sterben zu haben, seit unser Heiland
Jesus Christus geboren wurde. Weil Jesus zu Weihnachten aus
seiner himmlischen Heimat zu uns gekommen ist, deshalb
konnte unser lieber Kurt ohne jede Angst seine irdische Heimat
verlassen. Das ist die große Freude von Weihnachten.«

Leise stimmte Pastor Kuhlo einen Choral an; die Patmos-
Kinder sangen ihn mit den Schwestern und Diakonen:

> »Jesu, meine Freude,
> meines Herzens Weide,
> Jesu, meine Zier:
> ach wie lang, ach lange
> ist dem Herzen bange
> und verlangt nach dir!
> Gottes Lamm, mein Bräutigam,
> außer dir soll mir auf Erden
> nichts sonst Liebers werden.

Unter deinem Schirmen
bin ich vor den Stürmen
aller Feinde frei.
Lass von Ungewittern
rings die Welt erzittern,
mir steht Jesus bei.
Obs mit Macht gleich blitzt und kracht,
ob gleich Sünd und Hölle schrecken,
Jesus will mich decken.

Weicht, ihr Trauergeister,
denn mein Freudenmeister,
Jesus, tritt herein.
Denen, die Gott lieben,
muss auch ihr Betrüben
lauter Freude sein.
Duld ich schon hier Spott und Hohn,
dennoch bleibst du auch im Leide,
Jesu, meine Freude.«

Günther hatte schon manches Gesangbuchlied gehört, seit er am
ersten August nach Bethel gekommen war, aber noch nie hatte
ihn eines so beeindruckt wie dieses. Die Melodie war ruhig,
voller Würde, eindringlich. Aber die Worte, die Worte! Darin
war alles gesagt! Alles, was Pastor Fritz zu ihm geredet hatte, seit
er seinen verwachsenen Körper zum ersten Mal in die Arme
genommen und tief in ihn hineingeblickt hatte. Alles, was er
heute bei Kurt gesagt hatte. Oh, wenn er doch solche Lieder
wüsste, Wort für Wort! Wenn er doch solche Lieder singen
könnte, für andere Menschen, damit auch sie hörten, was das
Lied sagte!

Weicht, ihr Trauergeister,
denn mein Freudenmeister,
Jesus, tritt herein.

Günther hatte heute nicht einmal eine brennende Kerze in die Hand nehmen und vor Kurts Sarg niedersetzen können. Aber wenn seine Hände unfähig waren – sein Geist war es nicht. Er konnte solche Lieder lernen. Viele, ganz viele! Das konnte er und das wollte er tun. Ja, er würde es tun und sie singen. Sicher, er würde nie singen wie eine Nachtigall, eher krächzen wie eine Krähe. Aber wenn er nur gut genug singen könnte, dass die Leute hörten, was die Worte Großes sagten . . .!

Günther sah auf, als sei er aus einem Traum erwacht. Seine Augen ruhten auf Kurt in seinem Sarg. »Kurt«, flüsterte er, »ich bin nicht mehr traurig. Du bist bei unserem Freudenmeister, und ich bin froh.«

Und das war Günthers erstes Weihnachten in Bethel.

Ich kann lesen!

Der Weihnachtsschmuck, die Sterne, die Kerzenleuchter und Krippen waren wieder weggepackt. In Kurts Bett lag ein anderer Junge. Der konnte aber nichts weiter als den Kopf bewegen, und seine Augen waren ohne Glanz.

An dem Morgen, als in Haus Patmos die Schule wieder anfing, brachte Schwester Mathilde Günther zu seiner Überraschung nicht an seinen Platz im Klassenzimmer, sondern in den Raum, in dem sie Briefe schrieb und Besucher empfing.

»Günther«, sagte sie dort zu ihm, »ich habe eine schöne Überraschung für dich. Du kommst jetzt in die Hebron-Schule. Der Unterricht hier in Patmos ist für dich viel zu leicht.«

Günther machte ein ganz bestürztes Gesicht. »Aber – aber ich bin doch gern hier! Ich will nicht in eine andere Schule. Bitte, Schwester Mathilde, schick mich da nicht hin!«

Die krause weiße Schleife unter Schwester Mathildes Kinn kam ihm tröstend näher. »Günther, mein lieber Junge, eigentlich gehörst du überhaupt nicht nach Patmos. Aber weil du zuerst nicht gesprochen hast, glaubten wir, du wärest geistig behindert, wie die meisten Kinder in Haus Patmos. Doch dein Geist ist klar und gesund. Er kann viel lernen, sehr viel. Die Jungen in Hebron sind anfallskrank, aber nicht geistig behindert. Du wirst dort alles lernen, was die anderen Kinder in ganz Deutschland auch in der Schule lernen. Du wirst lesen lernen, Günther. Überleg doch mal! Du wirst lernen, Bücher zu lesen!«

Und Günther überlegte wirklich. Er dachte an seine Schulkameraden im Klassenzimmer von Patmos. An den unruhigen, zappeligen August, der ihn jedes Mal, wenn Schwester Friedchen gerade nicht hersah, ins Ohr kniff. An den Jungen, der ganz hinten in der Ecke saß und gar nicht mitmachte, der bloß vor sich hin summte. Er dachte daran, dass es für manche Kinder die größte Leistung einer ganzen Woche war, aus der Schachtel mit verschiedenfarbigen Perlen alle roten Perlen herauszusuchen und zu einer Kette aufzufädeln.

»Wenn ich immer wieder hierher zurückkommen darf, dann will ich auch nach Hebron gehen.« Also wurde Günther warm eingepackt, denn es war Januar. In der Nacht hatte es geschneit, deshalb wurde er in einem Schlitten von Patmos nach Hebron gebracht. Und weil Schwester Anna, die den Schlitten zog, jung und fröhlich war, lief sie im Trab mit ihm den Saronweg hinunter und den Hebronweg hinauf zu dem schönen alten Bauernhaus, das Bethel 1879 gekauft hatte. Inzwischen hatte man darin die Schule und den Speiseraum für anfallskranke Schuljungen eingerichtet.

Ein Diakon trug Günther in das Haus Alt-Hebron, setzte ihn in einen Rollstuhl – ein Betheler Erzeugnis – und fuhr ihn in das Klassenzimmer. Das hatte eine niedrige Decke, und mit seinen vielen Fenstern wirkte es hell und heiter.

Der Unterricht hatte um acht Uhr angefangen, und Günther kam zu spät. Herr Kunze, der Lehrer, begrüßte ihn kurz mit den Worten: »Aha, ein neuer Vogel!« Dann wies er auf eine Stelle am Fenster dicht bei ihm, wo der Bruder den Stuhl hinschieben sollte.

Günther fühlte sich seltsam getröstet, als er daran dachte, mit welchen Worten Pastor Kuhlo ihn den Patmos-Kindern vorgestellt hatte: »Seht mal, ihr Vögelchen«, hatte er gesagt, »ich bringe euch noch einen kleinen Singvogel, damit er mit euch zusammen Loblieder singt.« Dennoch ließ er seine Blicke unruhig durch den Raum wandern und senkte sie verlegen, als die zwanzig Jungen in ihren zweisitzigen Bänken ihn geradezu und voller Neugier anstarrten. Außer ihm saß nur noch ein Junge im Rollstuhl. Mädchen waren nicht dabei, es waren alles Jungen. Und sicher, damit hatte Schwester Mathilde Recht: Sie waren anders als die Patmos-Kinder. Mit einem Mal wurde Günther von einer schrecklichen Angst gepackt.

»Es gibt allerlei Arten von Vögeln«, sagte Herr Kunze heiter.

Dabei ging er mit lebhaften Schritten vor den Bänken auf und ab. »Manche leben auf dem Geflügelhof – das Huhn, der Hahn, die Gans. Einige unter euch jungen Herren haben schon die Ehre gehabt, von den Hebron-Gänsen verfolgt zu werden.«

Da gab es bei den Jungen Kopfnicken und lautes Lachen.

»Aber wirklich, meine jungen Herren, wisst ihr, dass Alt-Hebron früher einmal ›Kükenhof‹ genannt wurde? Die Grafen, die gleich neben Bethel in der Sparrenburg wohnten, nahmen den Bauern auf diesem Hof hier die Küken ab, sozusagen als eine Art Steuer.

Weiter sind da die Raubvögel – Eule, Habicht, Adler und Falke. Das könnt ihr mir glauben, die Ravensberger Grafen haben sehr oft mit Falken gejagt!

Aber heute wollen wir von den Singvögeln sprechen, die wir hier in der Gegend hören. Nun denkt ihr vielleicht, dass es verrückt ist, ausgerechnet im Januar eine Stunde über Singvögel zu halten. Doch meiner Ansicht nach ist die beste Zeit für eine Stunde über Singvögel gerade dann, wenn sie uns am meisten fehlen. Wer von euch erkennt diesen Singvogel?«

Günther traute kaum seinen Ohren. Er sah sich wahrhaftig fix um, ob etwa wirklich ein richtiger Vogel im Zimmer sei. Aber es war tatsächlich Herr Kunze, der da pfiff!

Sofort riefen mehrere Jungen: »Der Zaunkönig!«

»Gut! Und hier ist auch ein Bild von diesem kleinen Sänger. Gebt es mal herum, Jungs! Es gibt ein wunderschönes Märchen: Die Vögel, heißt es da, machten einen Wettbewerb, wer am höchsten fliegen könnte. Und der Vogel, der am höchsten flog, sollte zum König über alle Vögel gekrönt werden. Was meint ihr wohl, welcher Vogel wurde zum König gekrönt?«

»Der Adler!«

»Nicht doch! Es war der kleine Zaunkönig. Der setzte sich ganz still auf den Rücken des Adlers. Der Adler flog hoch und immer höher, der Sonne entgegen, bis er nicht mehr konnte. Aber da schoss der kleine Zaunkönig von seinem Rücken hoch und flog noch viel höher. Er flog so hoch, so dicht an die Sonne heran, dass ihre brennenden Strahlen seinen Kopf versengten und der Zaunkönig auf die Erde herunterfiel. Aber er war am höchsten gekommen und wurde zum König der Vögel gekrönt.«

Danach pfiff Herr Kunze noch ein Vogellied. »Und welcher Vogel ist das?«

»Die Amsel!«

»Richtig! Wir in Europa finden, dass die Amsel ebenso schön singt wie die Lerche oder die Nachtigall. In England – wer zeigt auf der Karte, wo das liegt? Jawohl! In England gibt es ein Gedicht vom alten König Cole, der ein fideler Bursche war. Der setzte sich zu Tisch und wollte Vogelpastete essen, und als er die Pastete auseinander schnitt, fingen die Vögel zu singen an. Vierundzwanzig Amseln waren es. Aber die Kinder in Amerika – wer kann zeigen, wo sie wohnen? Die amerikanischen Kinder können dieses Gedicht einfach nicht begreifen. Amseln und singen! Die Amseln, die sie kennen, sind grobe, ungezogene Vögel, die nur ein lärmendes Kreischen hören lassen. Unsere Amsel ist eine Drossel-Art. Drosseln gibt es in Amerika, aber Amseln sind nicht dabei.«

Die Stunde verging wie im Flug, es schienen kaum zehn Minuten zu sein. Herr Kunze pfiff immer neue Vogelrufe, gab Bilder herum, erzählte von jedem Vogel spannende Geschichten – von der Blaumeise, der Sumpfmeise, vom Rotschwänzchen und vom Rotkehlchen.

»In Amerika gibt es auch ein Rotkehlchen, das ist aber größer als unseres. Das europäische Rotkehlchen hat nicht nur eine rote Brust, es hat auch rote Höschen an. So – jetzt raus mit euch! Eine Viertelstunde lang könnt ihr Schneefinken sein! Wenn ihr wieder hereinkommt, gibt's Rechenaufgaben über die Amseln vom alten König Cole.«

»Und was ist jetzt mit mir?«, dachte Günther, als die zwanzig Jungen nach draußen stürmten und dabei Krach für vierzig machten. Wieder meldete sich die schreckliche Angst, aber da schob Herr Kunze ihn an sein Pult heran.

»So, mein Junge, jetzt können wir beide uns ein bisschen unterhalten. Sagst du mir bitte mal deinen Namen?«

»Ich heiße Günther.«

»Kannst du lesen, Günther?«

»Nein, Herr Kunze.«

»Möchtest du gern Lesen lernen?«

»O ja!«

»Ausgezeichnet. Jetzt ist die beste Zeit, damit anzufangen. Such dir unter den Vogelbildern die zwei aus, die du am liebsten hast.«

Herr Kunze breitete die Bilder auf seinem Pult aus. Günther zeigte auf das Goldhähnchen und auf die Amsel. Sorgfältig schrieb Herr Kunze unter jedes dieser Bilder ein paar Wörter in Druckbuchstaben und schob sie dann Günther hin.

»Die Bilder nimmst du mit nach Haus Patmos. Unter dem Goldhähnchen steht: ›Ich bin Günther. Ich sehe den Vogel‹. Und unter der Amsel steht: ›Der Vogel singt. Der Vogel singt für mich‹.«

Als Schwester Anna mittags Günther wieder nach Haus Patmos brachte, rief er jedem zu, der in Hörweite kam: »Ich kann lesen! Ich kann lesen!« Da drängten die anderen sich zu ihm. Er legte die Karten sorgfältig auf seine Knie und las, mit einer wirkungsvollen Pause vor jedem Wort:

>»Ich bin Günther.
>
>Ich sehe den Vogel.
>
>Der Vogel singt.
>
>Der Vogel singt für mich.«

Als Schwester Mathilde am Abend Günther zu Bett brachte, legte sie ihm eine aufgeschlagene Bibel auf die Knie. »Hier, in den drei ersten Zeilen von Psalm 96 steht ein Wort, das du heute gelernt hast. Es kommt in jeder Zeile einmal vor. Kannst du mir sagen, welches Wort das ist?«

Stirnrunzelnd sah Günther auf die kleinen Buchstaben. »Ein Wort seh ich, das steht dreimal da. Es ist ... es ist ... singt! Was heißen die Worte denn alle zusammen?«

Schwester Mathilde zeigte auf jedes einzelne Wort und las es ihm vor. Günthers Geist sog hungrig jedes neue Wort in sich ein. Auf seine Bitte ließ Schwester Mathilde ihm die Bibel da, als sie fortging. Er las wieder und wieder dem neuen Jungen mit den glanzlosen Augen vor:

>»Singt dem Herrn ein neues Lied,
>singt dem Herrn, alle Lande!
>Singt dem Herrn, lobpreist seinen Namen.«

Einen Monat später wurde Günthers frohes neues Lied »Ich kann lesen! Ich kann lesen!« plötzlich durch das alte Schreckenslied übertönt. Aber sein erschrockenes und ängstliches Klagen war gedämpft, obwohl er jetzt körperlich kräftiger war. »Nein, nein, ich will nicht! Ich will nicht!«, schluchzte er, als Schwester Mathilde ihm sagte, es sei beschlossen worden, dass er in das Haus Neu-Hebron übersiedeln solle und mit den Jungen zusammenwohnen, mit denen er in die Schule ging. »Schwester Mathilde, ich hab dich doch lieb! Und Willi und Leni und Monika hab ich auch lieb. Ich hab sogar August ein kleines bisschen lieb. Von den Jungen in Hebron kenne ich keinen richtig.«

»Das ist ja gerade das Dumme! Wir bringen dich schnell zum Unterricht, wir holen dich schnell zurück zum Mittagessen, und du lernst sie gar nicht näher kennen.«

»Ich will sie nicht näher kennen lernen!«

»Sieh mal, der Hauspfarrer für Hebron ist Pastor Kuhlo. Du wirst dort viel öfter mit ihm zusammen sein und wirst viel, viel mehr Lieder lernen.«

»Das ist mir gleich!«

Schwester Mathildes Stimme wurde hart und streng. »Also gut, Günther, wenn du nicht aus Einsicht nach Hebron gehen willst, dann wirst du aus Gehorsam hingehen. Pastor Bodel-

schwingh möchte, dass du von Patmos nach Hebron über-
siedelst.«

»Wirklich?«

»Ja, das möchte er.«

»Pastor Fritz will, dass ich nach Hebron gehe?«

»Ja, das will er.«

»Also dann«, sagte Günther seufzend, »dann bleibt mir ja
nichts anderes übrig, als nach Hebron zu gehen.«

So zog Günther am gleichen Abend gehorsam, aber sehr un-
gern nach Hebron um. Kein Abschied war wohl trauriger als sein
Abschied von den Freunden in Patmos, nicht einmal der von
Kurt. Doch herzlicher, als Hausvater und Hausmutter Mast ihn
begrüßten, hätte ihn niemand begrüßen können. Und niemand –
nicht einmal die Schwestern – konnte ihn liebevoller zu Bett
bringen als Bruder Thomas. Das war einer der jungen Diakone,
die in Haus Hebron Dienst taten. Trotzdem lag Günther mit dem
Gesicht zur Wand im Bett und weinte leise. Er wendete nicht
einmal den Kopf, um zu hören, was Bruder Thomas den Jungen
vorlas, ehe das Licht ausgedreht wurde.

An diesem Abend war es zufällig die Geschichte von Daniel in
der Löwengrube. Als Bruder Thomas an die Stelle kam: »Nun
gab der König Befehl, und man holte Daniel und warf ihn in die
Löwengrube«, da prustete der Junge neben Günther vor Lachen los.

»Günther heult. Günther ist bange. Günther meint, man hätte
ihn in eine Löwengrube geworfen. Wir sind Löwen, Günther!
Grr! Grrr! Grrrrr!«

Und nun gab es vor lauter Geknurr und Gebrumm einen
solchen Radau im Zimmer, dass Hausvater Mast angelaufen
kam. »Was ist denn hier los?«

Rasch erklärte Bruder Thomas die Lage. Hausvater Mast ging
an Günthers Bett, wandte sich zu den anderen Jungen und
schaute ihnen ins Gesicht. Die mühten sich noch, das Lachen
über ihren eigenen guten Witz zu unterdrücken.

»Habt ihr schon vergessen, wie das ist, wenn man Heimweh hat? Dass es eine Zeit lang wirklich weh tut? Ich muss mich doch sehr wundern, denn manche von euch sind selbst erst vor kurzem nach Bethel gekommen.«

»Aber Günther kommt ja gar nicht von zu Hause«, sagte der Junge neben Günther. »Er hat bei den Doofen in Haus Patmos gewohnt.«

»Bei den Trotteln!«, sagte ein anderer.

»Bei den Idioten!«, rief einer durch das ganze Zimmer.

Aber da richtete sich Günther plötzlich in seinem Bett auf, und er brüllte so laut, dass selbst Löwen in ihrer Höhle gestutzt und aufgehorcht hätten.

»Das sind keine Doofen und keine Trottel und keine Idioten! Das sind meine Freunde!«

Verblüfftes Schweigen, bis Hausvater Mast fröhlich auflachte.

»Gut so, du kleiner Simson! Wisst ihr, Jungs, eins hat Günther euch voraus. Er hat in Haus Patmos gelebt und kennt die Kinder dort. Sie sind seine Verwandten. Als ich in eurem Alter war, habe ich noch gehört, wie der Vater von unserem Pastor Fritz sagte: ›Wer ist mein nächster Verwandter? Wer ist mein bester Freund und ist mir am liebsten? Der am meisten leidet!‹ Das habe ich nie vergessen. Das ist das Geheimnis der wahren Verwandtschaft. Es ist das Geheimnis von Bethel. Günther hat dieses Geheimnis schon erfahren. Ihr anderen Jungen habt es offenbar noch nicht erfahren. Vielleicht kann der kleine Simson hier es euch beibringen. Gute Nacht, Simson! Gute Nacht, Löwen! Und morgen kein Gebrüll mehr, verstanden?«

Das Licht ging aus; Günther hörte den Jungen neben ihm flüstern: »Du, Günther?«

»Ja?«

»Ich heiße Klaus. Und – 'tschuldige bitte!«

»Ist schon in Ordnung«, sagte Günther. »Wer war eigentlich Simson?«

»Das war der stärkste Mann auf der ganzen Welt. Der hat einen Löwen umgebracht, einfach so mit den Händen. Morgen Abend müssen wir mal Bruder Thomas bitten, dass er uns die Geschichte vorliest.«

Danach schlief Günther ein, und er hatte jetzt das Gefühl, dass irgendwie doch alles bald wirklich in Ordnung sein würde. In dieser Nacht weinte er nicht mehr vor Heimweh nach Haus Patmos und auch später nur noch ganz selten.

Beflügelter Glaube

Wie hätte ein Junge vor Sehnsucht nach einer Vergangenheit seufzen können, wenn die Gegenwart so vergnüglich war? Wenn Hausmutter Mast so gut zu kochen verstand und die besten Kartoffelklöße der Welt machte? Wenn Hausvater Mast so einer war, bei dem man sich nicht etwa ängstlich duckte, sondern am liebsten in die Hände geklatscht hätte, wenn er ins Zimmer kam? Da die Diakone so mütterlich besorgt waren, wenn jemand einen Anfall hatte, und doch nachmittags so wild wie große Brüder mit den Jungen spielten? Da Pastor Kuhlo mindestens jeden zweiten Tag zu ihnen kam? Da Herr Kunze den Lernstoff nur so funkeln ließ, und da es so viel Vergnügen machte, bei ihm zu lernen, wie Hausmutter Masts Kartoffelklöße zu essen? Wahrhaftig, nach einem Schulvormittag bei ihm konnte man fast den Geist vor Wonne schnalzen hören!

Und mit Jungen, die solche liebenswerten Spaßvögel waren! »Schafe im Wolfspelz«, sagte Herr Kunze, als sie ihm heimlich drei weiße Mäuse in seine Schreibtisch-Schublade gemogelt hatten. Wenn er auch durchaus naturliebend war – Mäuse liebte er nicht gerade; und so war er denn auch gründlich überrascht und entrüstet. Aber auf das laute Gelächter der Jungen folgte allgemeines Stöhnen, als er ihnen kühl erklärte, sie hätten heute nicht wie sonst nur von acht bis halb zwölf Uhr Unterricht, sondern auch den ganzen Nachmittag.

Klaus als Klassensprecher beschwerte sich bei Hausvater Mast. »Wir finden die Strafe zu groß für das, was wir angestellt haben.«

»Was schlagt ihr denn vor?«, fragte Hausvater Mast nüchtern. »Wollen die Schuldigen sich etwa melden und vor der ganzen Klasse eine Tracht Prügel beziehen?«

Nach der üblichen zweistündigen Mittagsruhe, die an sich schon lästig genug war, standen die Jungen auf und gingen mürrisch einer hinter dem anderen her von Neu-Hebron nach Alt-Hebron. Noch dazu war es ein so wunderbarer Tag, der Frühling lag in der Luft – richtiges Hemdsärmel-Wetter!

Herr Kunze stand vor der geschlossenen Klassentür, grimmig mit übereinander geschlagenen Armen.

»Seid ihr alle da?«, fragte er kurz.

»Jawohl, Herr Kunze!«

»Dann stellt euch in einer Reihe auf. Heinz! Franz! Den Kopf gerade halten! Wenn ich die Tür aufmache, marschiert ihr zu euren Bänken und geht an die Arbeit. Und dass mir keiner einen Mucks sagt! Habt ihr's gehört?«

»Jawohl, Herr Kunze!«

Herr Kunze riss die Tür auf, und als die Jungen an ihm vorbeimarschierten, stand er da so steif und gerade wie die Tür selbst.

»Herr Kunze!«, riefen die ersten, die in die Klasse kamen, ganz erstaunt. »Was soll denn das bedeuten?«

Denn hinter Herrn Kunzes Pult standen da die strahlenden Hauseltern, Pastor Kuhlo und alle Diakone. Auf dem Lehrerpult war ein großer Strauß knospiger Birkenzweige aufgestellt. Die Gärtner von Bethel hatten sie im Treibhaus vorgetrieben. Und auf jeder Bank standen zwei farbenfroh geschmückte Napfkuchen.

»Was das bedeuten soll?«, sagte Pastor Kuhlo. »Nun, ganz einfach: dass Herr Kunze heute Geburtstag hat und ihn zusammen mit euch kleinen Mäusen feiern möchte.« Er setzte die Posaune an die Lippen und spielte: »Alle Vögel sind schon da.« Aber die Hauseltern und Diakone sangen nicht den vertrauten Text, sondern: »Alle Mäuse sind schon da, alle Mäuse, alle.« Die Jungen mussten so sehr lachen, dass sie gar nicht mitsingen konnten.

Zuerst gab es Kuchen und Kakao. Dann setzte sich Herr Kunze auf einen hohen Hocker und las ihnen die wunderbare Geschichte von der Rattenplage in Hameln vor und vom Rattenfänger, der die Ratten und Mäuse mit seinem Spiel in die Weser lockte, dass sie ertranken, und wie dann alle Kinder dem Rattenfänger nachliefen in einen großen Berg hinein und nie mehr gesehen wurden. Nur ein Junge blieb zurück – ein kleiner Krüppel, der nicht mit den anderen mitkonnte.

»Das müssen wir spielen!«, rief Franz. »Wir haben einen Rattenfänger und einen Krüppel, Pastor Kuhlo und Günther.«

Gesagt, getan. Die Ratten und Mäuse wurden alle im Teich am Hebronweg ertränkt. Dann verwandelten sie sich wieder in Kinder und liefen mit großem Lärm hinter dem Rattenfänger her die steilen Straßen hoch. In jedem Haus, an dem sie vorbeikamen, stürzten die Leute ans Fenster und wollten sehen, was denn wohl da unten auf der Straße los war. Die Kinder winkten ihnen zu und riefen: »Auf Wiedersehn! Auf Wiedersehn! Wir ziehen ins Gelobte Land!«

»Wo es keinen Kummer mehr gibt!«, rief Günther. Er war mit Klaus, der seinen Rollstuhl schob, ganz am Ende des Zuges.

Rattenfänger Kuhlo führte die Kinder bis oben auf den Berg und an den Eingang zur Zionskirche.

Als alle, auch Günther und Klaus, dort angelangt waren, sagte er: »Seht ihr, ich habe euch nicht zu einem Berg gebracht, der euch für immer einschließen wird. Ich habe euch nach Zion geführt, zur himmlischen Stadt, dem Königreich der ewigen Liebe. Hier bleibt niemand ausgeschlossen, auch nicht der kleine Krüppel, der als letzter ankommt.«

Damit schwenkte der Rattenfänger grüßend seine Posaune und lief eilig davon.

Für Günther wurde Haus Hebron wahrhaftig zum Gelobten Land. Er und seine Kameraden waren in den nächsten Jahren so von Liebe umgeben und behütet, dass sie nicht merkten, was für schwere Zeiten Bethel – und ganz Deutschland – durchmachte. Niemand sagte ihnen, dass der Verwaltungsstab in der Bethelkanzlei durchaus nicht so fidel wie der alte König Cole war, als die Zahlen, mit denen er arbeitete, in die Höhe schossen, von Millionen zu Milliarden, zu Billionen und Trillionen. Das deutsche Geld war ja in diesen Jahren so gut wie wertlos. Die Papierkörbe wurden zu klein für dieses wertlose Geld, man musste schon Wäschekörbe benutzen. Die Männer, die sich bemühten, dafür zu sorgen, dass in Bethel alles weiterging, hoben in den Großstädten – Düsseldorf, Kiel, Kassel und Wiesbaden – Geld von der Bank ab und fuhren dann schleunigst damit nach Bethel zurück, um es noch am gleichen Tag auszugeben, ehe es wieder ganz wertlos wurde. Von Jahr zu Jahr wurde die Inflation schlimmer. Der Preis für ein Paar Schuhe stieg von fünfundzwanzig Mark auf zweitausendfünfhundert Mark, auf fünfundzwanzigtausend Mark und bis auf fünfundzwanzig Millionen Mark.

Es ist klar, dass Banken, Fabriken, Geschäfte und Institute mit dem wertlosen Geld nicht mehr arbeiten konnten und geschlossen wurden. Und es ist auch klar, dass die Not größer war als je zuvor. Tausende von Männern waren auf den Landstraßen unterwegs und wanderten von Ort zu Ort, nicht weil sie reiselustig waren, sondern weil sie ihren Arbeitsplatz verloren hatten. Mit dem Hunger kamen bald auch Krankheiten. Trotzdem mussten viele Einrichtungen, die den in Not Geratenen helfen wollten, ebenfalls ihre Tore schließen.

Auch Bethel wurde von manchen, die jede Hoffnung aufgegeben hatten, gedrängt, es solle seine Tore schließen. Doch stattdessen öffnete Bethel seine Tore für die Vielen, die kein Zuhause hatten.

»Wenn der Mensch mit seinem Denken in eine Sackgasse geraten ist und keinen Ausweg mehr aus seinen Schwierigkeiten sieht«, sagte Pastor Fritz gelassen, »dann kann der Glaube die Flügel entfalten. Noch nie war die Atmosphäre besser als jetzt – für den Glauben.«

Die ruhige Zuversicht und der Glaube von Pastor Fritz entfalteten wirklich ihre Flügel. Als es in Bethel am schlimmsten stand und viele krank wurden, weil es nicht genug zu essen gab, da begannen Christen in der Schweiz, in Holland, Schweden, Großbritannien und den USA, Lebensmittel zu schicken.

Für die Jungen in Hebron gab es in den Jahren von 1922 bis 1924 nur eine einzige Andeutung – mehr war es wirklich nicht –, dass irgendetwas nicht ganz in Ordnung sei: Das Essen war weniger reichlich als sonst. Jungen haben anscheinend sowieso ein Loch im Magen, und anfallskranke Jungen erst recht.

Und wie Jungen nun einmal sind – ein bisschen nörgelten sie auch. »Hausmutter Mast kocht gar nicht mehr so gut wie früher«, oder »hoffentlich kommt heute niemand, der zum Mittagessen dableibt.«

Eines Nachmittags ging Pastor Fritz durch seinen Garten und sah Heinz und Franz unter einem Apfelbaum sitzen. Als er zwei Stunden später wiederkam, saßen sie immer noch da.

»Was in aller Welt macht ihr denn hier, Jungs?«, fragte er sie erstaunt.

»Warten.«

»Warten – ja auf was denn?«

»Dass ein Apfel runterfällt. Hausvater Mast hat gesagt, wir dürften von keinem Baum in Bethel Äpfel klauen. Aber wenn ein Apfel von selbst runterfällt, dann können wir ihn haben.«

Am gleichen Abend wurde in Haus Hebron ein großer Korb Äpfel für die Jungen abgegeben – alle Äpfel, die der Apfelbaum von Pastor Fritz getragen hatte.

Zweimal wurde es Frühling; Günthers Augen, so lange um vieles betrogen, waren jedes Mal wie geblendet beim Anblick der blühenden Apfelbäume, auch in allen späteren Jahren.

Zweimal kam der Sommer und mit ihm ein Ereignis, das für die Hebron-Jungen fast so schön wie Weihnachten war – der jährliche Sommerausflug zum Bauernhof Obermeier in Oldentrup.

Zweimal wurde es Herbst, da fing dann die Schule wieder an.

Inzwischen war Günther schon so weit, dass er die Indianer-
bücher von Karl May verschlang.

Zweimal kam der Winter. Das Weihnachtsfest war in Haus
Hebron noch aufregender als in Haus Patmos. Aber vielleicht
richtete sich die Aufmerksamkeit etwas mehr auf den Gabentisch als auf die Krippe.

Der Glaube, den Günther in Haus Patmos für sich entdeckt
hatte, ging ihm in Hebron mehr und mehr auf und brachte ihn
voran. Die Morgen- und Abendandachten von Hausvater Mast
und die Geschichten, die Bruder Thomas vor dem Schlafengehen
vorlas, waren wie ein ständiger Wind in seinen Segeln. Es zeigte
sich, dass Pastor Kuhlo ebenso gut Gottes Wort an die Menschen
verkündigen konnte, wie er mit Posaunenklängen die Worte der
Menschen an Gott zu begleiten verstand. Und niemand, wirklich
niemand auf der ganzen weiten Welt konnte so wie Pastor Fritz
für Jungen predigen und ihr Allerinnerstes anrühren.

Günthers zaghafte Schüchternheit machte einem fast stolzen
Selbstvertrauen Platz, das heißt er fing an zu glauben, dass Gott
etwas mit ihm vorhatte, als er ihn schuf. Bei den täglichen
Wortgefechten mit anderen Jungen – gewöhnlich nur zum Spaß,
aber manchmal auch im Ernst – merkte er, dass er einen ebenso
guten, wenn nicht besseren Verstand hatte wie seine Freunde –
ausgenommen Klaus. In Herrn Kunzes Unterricht bereiste er im
Geist die Welt der Flamingos, die Welt der Eskimos, und überall
fühlte er sich zu Hause. In der Klasse war Günther allen überlegen – nur Klaus nicht. Kein Wunder also, dass Klaus sein bester
Freund wurde.

Günthers Körper kräftigte sich, mit Milch und Eiern von
Hebrons Bauernwirtschaft, mit gutem Betheler Brot, gebacken
aus dem Vollkorn-Roggen- und Gerstenmehl, das in Bethel ge-
mahlen wurde, mit Kartoffeln, Grünkohl, Möhren und Weißkohl
aus dem Hebron-Garten. Aber die Muskeln seiner Hände und
Finger konnten die schmähliche Behandlung der ersten Jahre
nicht vergeben, und er musste immer gefüttert werden. Für die

körperlich Gesunden, deren Begriffe von »angenehm« und »unangenehm« krankhaft eng und einseitig sind – für die ist es immer unangenehm zu sehen, wenn jemand, der älter ist als drei Jahre, ein großes Lätzchen umgebunden hat und wie ein kleines Kind gefüttert wird. Aber in Bethel war man daran gewöhnt, körperliche Gebrechen, Schäden und Schwächen jeder Art zu sehen, und fand nichts dabei. Die Diakone und die Kameraden in Hebron ließen das Essen so fröhlich in Günthers offenen Mund gleiten, wie Drosselmännchen ihre Jungen füttern.

Da Günther bei all den rauen Spielen mit einbezogen wurde, sei es oben im Buchenwald oder unten auf der Wiese von Hebron, entwickelte er einige neue körperliche Geschicklichkeiten. In den vielen derben Handgemengen der Jungen wurde er so flink und gewandt wie nur einer. Wenn die Jungen ihn vor dem Abendbrot nach Hebron zurückfuhren, war er ebenso schmutzig wie alle anderen und bekam die gleiche gutmütige Schelte von den Brüdern, die sie zum Abendessen gründlich säubern mussten. Sie stritten und fochten, und die anderen Jungen lernten bald, sich von Günther fern zu halten, wenn er kniend mit den Armen nach allen Seiten um sich schlug. Freundschaften wurden geschlossen, gingen auseinander und wurden wieder neu geknüpft. Bei den Jungen in Haus Hebron wurde auch Günther ein richtiger Junge.

Fast durch einen Zufall lernte Günther schließlich den aufrechten menschlichen Gang. Er hatte oft versucht, sich auf seinen widerspenstigen, eigenwilligen Füßen im Gleichgewicht zu halten, und es war ihm jedes Mal misslungen. Dann hatten er und seine Kameraden praktisch den Gedanken aufgegeben, dass er jemals laufen könnte. Vielleicht waren die Jungen auch gar zu gern bereit, Günther durch die Gegend zu schieben, zu ziehen und zu schleppen.

Jedenfalls hatten sie bestimmt nicht die Absicht, Günther das Laufen beizubringen, als zwei von ihnen seinen Rollstuhl mitten in einen Haufen Gänse schoben, die eben von den anderen geärgert worden und nun in Wut geraten waren – und als sie ihn dann den Feinden überließen. Die Jungen liefen nach allen Seiten davon. Es war eben wieder mal einer von ihren Streichen, und über das, was dabei herauskam, staunten sie nicht weniger als Günther selbst. Der war nun von seinen Freunden im Stich gelassen und duckte sich vor den Gänsen. Als der Gänserich seinen schlangenförmigen Hals vorbog und mit offenem Schnabel zischend auf Günthers bloße Füße losging, da tat Günther das Unglaubliche: Er sprang aus seinem Rollstuhl und rannte! Er rannte gut fünf Meter weit, ehe er stolperte und hinfiel. Im Nu waren die Jungen bei ihm.

»Günther! Du bist gelaufen! Du verrückter Bengel, du bist gelaufen!«

Günther setzte sich auf und rieb sich die zerschundenen Knie. Mit den Augen maß er die Strecke von der Stelle, an der er saß, bis zu seinem Rollstuhl.

»Ich kann mich nicht erinnern, dass ich gelaufen bin. Aber wenn ich gelaufen bin, und ich glaube, das ist tatsächlich so, dann kann ich laufen lernen. Ja, ich will laufen lernen!«

»Versuch es doch gleich jetzt!«, drängten sie ihn. »Geh zu deinem Stuhl zurück.«

Doch Günthers Füße wollten nichts davon wissen, was sie eben getan hatten. Also wurde gleich an Ort und Stelle eine heimliche Verschwörung ausgeheckt. Günthers Füße hatten bewiesen, dass sie laufen konnten. Günthers Füße würden zum Laufen gezwungen werden. Sie würden üben, üben und nochmals üben. Heimlich! Oben im Buchenwald. Und in drei Wochen beim Jahresausflug zum Hof Obermeier würde Günther die Hauseltern Mast, Pastor Kuhlo und die Diakone so überraschen, dass sie nicht mehr wussten, wo ihnen der Kopf stand. Wenn die Pferdewagen bei Haus Hebron vorfuhren, um sie zum Ausflug abzuholen, dann würde Günther zum Wagen laufen. Kein Rollstuhl. O Junge, nein!

In den nächsten drei Wochen war Günther oft nahe daran, aufzugeben, aber seine Freunde mit ihrer Entschlossenheit und Ausdauer ließen das nicht zu. Oben auf den Waldwegen hatten sie einen Einfall: Einer von ihnen setzte sich in den Rollstuhl, Günther stützte sich mit den Armen darauf und schob. Die Jungen liefen nebenher, und so bewegte sich Günther taumelnd und schwankend vorwärts und lernte irgendwie, auf eine verdrehte Weise seinen ganz und gar schiefen Körper im Gleichgewicht zu halten. Dann übte er ohne die Hilfe des Rollstuhls oder seiner Freunde. Die Diakone hätten sich eigentlich über seine vielen Beulen wundern müssen, wenn sie ihn abends zum Schlafengehen fertig machten. Aber sie waren es gewöhnt, dass Jungen Beulen hatten, und fragten nicht weiter. Günther fiel oft hin, und das tat weh. Doch immer hieß es: »Steh auf, Günther! Versuch es noch mal!«

Was Günther schließlich erreichte, kann man vielleicht nicht als Gehen bezeichnen – jedenfalls nicht, wenn man unter Gehen versteht, dass man immer einen Fuß auf dem Boden hat. Manchmal bewegte sich Günther mit beiden Füßen auf dem Boden in einer Art seitwärts rutschender Bewegung. Manchmal mit beiden Füßen in der Luft, irgendwie hüpfend oder hopsend. Und nie in einer geraden Linie vorwärts. Als Schlimmstes konnte man sagen, dass er ging wie ein Affe. Als Bestes, dass sein Gehen eine Art Vogeltanz war. Aber eine Fortbewegung war es jedenfalls. Es brachte Günther von einer Stelle zur anderen, und seine Freunde jubelten. Bei einem Besuch im Zoo sah Klaus, wie Seehunde an Land »gingen«. Seitdem nannte er Günthers Gangart »Watscheln«.

Als der Tag des Sommerausflugs zum Hof Obermeier gekommen war, umringten die Jungen Günther am Eingang von Haus Hebron – so war es abgemacht – und warteten auf die bunt geschmückten Wagen, die sie abholen sollten. Sobald die Pferde munter angetrabt kamen, stürzten die Jungen mit großem Geschrei los und kletterten auf die Wagen.

»Sind alle da?«, fragte Hausvater Mast. Er schaute sich um und sah Günther in seinem Rollstuhl sitzen. »Ihr habt ja Günther vergessen! Geht und holt ihn, Jungen!«

»Günther soll sich selber holen!«, riefen sie. Das war das Stichwort. Vor den erstaunten Augen der Erwachsenen stand Günther vom Stuhl auf und stolperte auf den Wagen zu. Nur beim letzten taumelnden Schritt rutschte der eine verkrümmte Fuß auf den anderen, aber Günther kriegte noch rechtzeitig das Wagenrad zu fassen und sah triumphierend zu den grinsenden Gesichtern seiner Freunde auf.

»Bravo, Günther! Bravo, bravo, bravo!« Hausvater Mast sprang vom Wagen herunter und zog Günther an seine breite Brust.

Pastor Kuhlo fing prompt an zu blasen: »Bis hierher hat mich Gott gebracht durch seine große Güte« – und die Landpartie begann. Bald rollte die Schar durch Bielefeld, winkend und aus vollem Halse singend. Je mehr Leute sie auf den Straßen sahen, desto lauter wurde ihr Singen, desto fröhlicher ihr Winken. Als sie nach Oldentrup kamen, das gut zehn Kilometer von Bethel entfernt liegt, sangen sie noch immer.

Vater und Mutter Obermeier, beide im Sonntagsstaat, erwarteten sie schon. Nachdem sie gehört hatten, was da für ein Wunder geschehen war, fasste Vater Obermeier Günther fest mit seinem starken Arm und führte die ganze Hebron-Bande durch die Ställe und Schuppen, damit sie die Pferde, Kühe und Schweine bewundern konnten. Dann gab es Kaffee und Kuchen. Dabei wurde viel gelacht über die Scherze, die zwischen den Erwachsenen hin und her flogen. Nachher kamen Spiele auf der Wiese dran, danach ritten die Jungen in Begleitung der Diakone auf Ponypferden. Als alle, auch Klaus und Günther, einmal geritten waren, gingen sie wieder in den Kuhstall und sahen beim Melken zu. Günther hörte zum ersten Mal in seinem Leben, wie die Milch in den leeren Eimer zischte, bis sie nach und nach nur noch leise rauschte.

Nun waren alle selig müde und setzten sich an die Tische unter den Bäumen zu einem Schmaus, wie ihn nur Mutter Obermeier herrichten konnte. Was es da für saftige Hausmacherwurst zu essen gab! Und grüne Erbsen, erst heute Morgen geerntet und ausgehülst. Ganze Schüsseln voller Kirschen, frisch aus dem Obstgarten. Als alle zum Platzen satt waren, so satt, dass sie sich fast nicht mehr bewegen konnten, brachte ihr bäuerlicher Gastgeber ihnen sein Lieblingslied von Matthias Claudius bei, alle Strophen!

> Wir pflügen und wir streuen
> den Samen auf das Land,
> doch Wachstum und Gedeihen
> steht in des Himmels Hand:
> Der tut mit leisem Wehen
> sich mild und heimlich auf
> und träuft, wenn heim wir gehen,
> Wuchs und Gedeihen drauf.

> *Refrain:*
> Alle gute Gabe
> kommt her von Gott dem Herrn,
> drum dankt ihm, dankt,
> drum dankt ihm, dankt
> und hofft auf ihn!

> Er sendet Tau und Regen
> und Sonn- und Mondenschein
> und wickelt seinen Segen
> gar zart und künstlich ein
> und bringt ihn dann behände
> in unser Feld und Brot:
> Es geht durch unsre Hände,
> kommt aber her von Gott.

Was nah ist und was ferne,
von Gott kommt alles her,
der Strohhalm und die Sterne,
das Sandkorn und das Meer.
Von ihm sind Büsch und Blätter
und Korn und Obst, von ihm
das schöne Frühlingswetter
und Schnee und Ungestüm.

Er lässt die Sonn aufgehen,
er stellt des Mondes Lauf;
er lässt die Winde wehen
und tut die Wolken auf.
Er schenkt uns so viel Freude,
er macht uns frisch und rot;
er gibt den Kühen Weide
und unsern Kindern Brot.

Vielleicht war es für die Hebron-Jungen das Köstlichste bei dem
jährlichen Sommerausflug, dass sie da draußen bleiben durften,
bis es dunkel wurde und die Sterne kamen. Sie, die sonst so
pünktlich zu Bett gehen mussten, bei denen um neun Uhr abends
das Licht ausgedreht wurde, sie durften auf Obermeiers Hof
bleiben, bis die Glühwürmchen flogen und die Sterne am Himmel erschienen – bis die Lampions angezündet wurden und
sie zusammen mit ihrem fröhlichen Gastgeber-Ehepaar beim
Schein dieser wunderschönen, schwankenden bunten Laternen
noch einmal über den Hof gehen konnten. Als sie endlich auf die
Wagen kletterten, um wieder nach Hause zu fahren, steckte
Mutter Obermeier jedem eine Hand voll Kirschen und eine Tafel
Schokolade zu.

Dann ging es mit Pferdegetrappel fort. Vater und Mutter
Obermeier riefen ihnen nach: »Gott behüte euch, auf Wiedersehen im nächsten Jahr!«

Auf der Rückfahrt wurde kaum gesungen, aber als die Wagen durch den Betheler Haupteingang fuhren, stand Pastor Kuhlo auf und fing an, das Claudius-Lied zu blasen, das sie vorhin gelernt hatten.

»Vielleicht sollten wir sie nicht im Schlaf stören«, meinte Bruder Thomas ein wenig zaghaft.

»Unsinn!«, sagte Pastor Kuhlo. »Jeder Mensch muss zu allen Tages- und Nachtzeiten daran erinnert werden, dass er in Demut vor Gott wandeln und ihm von Herzen dankbar sein soll. Die letzte Strophe, Jungen!«

So kamen sie nach Bethel zurück und sangen: »Drum dankt ihm, dankt, drum dankt ihm, dankt und hofft auf ihn!«

Als sie an Haus Patmos vorbeifuhren, beschloss Günther, am nächsten Tag seine alten Freunde dort zu besuchen und ihnen zu zeigen, dass er laufen konnte. Vielleicht sogar zum Haus von Pastor Fritz – wenn er es so weit schaffte. Es kam ihm überhaupt nicht in den Sinn, der Leiter von Bethel, der über zweitausend Patienten in seiner Obhut hatte, könne sich womöglich nicht dafür interessieren, dass einer von ihnen laufen gelernt hatte. Das wäre ebenso widersinnig gewesen wie der Gedanke, Gott könne auf einen einzigen Sperling nicht aufpassen.

Zur Ehre Gottes

Günther war jetzt dreizehn Jahre alt und lebte seit sechs Jahren in Haus Hebron. Er konnte sich kaum daran erinnern, dass er jemals unglücklich gewesen war. Gewiss, auch dort gab es trübe Tage oder Traurigkeit. Viele Jungen bekamen oft Briefe oder Besuch von Eltern und Verwandten, oder sie fuhren zu Geburtstagen, zu Festen und in den Ferien nach Hause. Es tat Günther weh, diese freudigen Begrüßungen mit anzusehen oder zu hören, wie seine Freunde die Tage zählten: »So viele noch, dann . . . !« Ihn besuchte ja nie jemand, und für ihn hatte der Postbote nie einen Brief. Es machte ihn auch traurig, wenn die Not seiner Freunde, die sie sonst tief in ihrem Inneren verschlossen, bei seltenen Gelegenheiten doch einmal für einen Augenblick unversehens ans Licht kam.

»Warum muss ich das gerade sein?«, schluchzte Klaus am ersten Abend nach einem Besuch zu Hause. »Das ist ungerecht! Bloß weil ich diese Anfälle habe, müssen sie mich fürs ganze Leben hierher stecken. Bloß weil die Leute es schrecklich und hässlich finden, zu sehen, wenn jemand einen Anfall hat. Aber ihre eigenen Anfälle, die können sie gut vertragen, die Anfälle von Gereiztheit und Wut und Grausamkeit und Heftigkeit. Nur solche Anfälle, wie ich sie habe, die wollen sie nicht mit ansehen. Wer solche Anfälle hat wie ich, der darf nicht in ihre Schulen gehen, der darf keine Arbeit kriegen, der darf überhaupt nichts. Das ist ungerecht!«

Günther reichte ihm über den Gang zwischen ihren Betten hinweg die Hand. Klaus packte fast wild danach.

»Und du – du hast nicht mal Anfälle! Aber weil du statt Füßen Klauen hast, und weil deine Hände . . .«

Mit einem Mal fing Klaus gewaltig zu lachen an, und das ohne jede Spur von Bitterkeit. »He, Jungs! Ich weiß ein Rätsel für euch: Wer kann ausgezeichnet begreifen und gleichzeitig erbärmlich schlecht begreifen? Wer begreift fast alles und begreift dabei doch fast nichts?«

Klaus musste den anderen mehrere Tipps geben, bis sie das heraus hatten. Er musste sogar die Silben trennen und ganz deutlich einzeln aussprechen – be-greif-en –, ehe sie dahinterkamen. Darüber verflog seine düstere Stimmung für diesmal.

Die meist frohen Tage in Hebron endeten im Jahre 1928: Pastor Fritz sagte den Jungen, man wolle sie in ein neues Haus verlegen, das zur Zeit noch im Bau war, und sie sollten dann in die Schule von Haus Mamre gehen.

»Hebron ist für euch lebhafte Bürschchen zu klein geworden«, sagte er augenzwinkernd. »Ihr seid ja geradezu menschliche Dynamos, ihr bringt die Hausmauern hier noch zum Platzen.«

Wer dem neuen Haus seinen Namen gab, das war Günther. Als Pastor Fritz sie fragte, ob sie einen Vorschlag hätten, wie der Neubau oben am Hang genannt werden solle, rief Günther ihm mutig entgegen: »Kapernaum!«

»Weshalb Kapernaum, Günther?«

Etwas erschrocken über seine eigene Kühnheit, antwortete Günther bescheidener: »Das ist eine Stadt am See Genezareth, in der Jesus oft gewesen ist. Und einmal, als er dort war, hat ihn ein römischer Hauptmann gebeten, seinen gelähmten Knecht zu heilen, und er hat es auch getan. Es steht im Matthäus-Evangelium, Lukas und Johannes erzählen die Geschichte auch.«

Pastor Fritz und Hausvater Mast sahen einander lächelnd an. Hausvater Mast nickte leicht.

»Kapernaum, so soll es heißen!«, sagte Pastor Fritz.

In mancher Hinsicht war die Übersiedlung in das neue Haus und die andere Schule für die Hebron-Jungen ziemlich niederdrückend. Sie waren eine eng verbundene kleine Bande gewesen, und jetzt wurde diese Schar aufgelöst. In Günthers Klasse in der Mamre-Schule tauchten neue Gesichter auf, ebenso in seinem Schlafraum in Haus Kapernaum. Das wäre an sich ganz in Ordnung gewesen, wenn … ja, wenn …

»Die sind aber nicht so flott wie wir«, sagte Klaus geradezu.

»Sie haben wirklich einen ziemlich schwachen Verstand, manche jedenfalls«, stimmte Günther ihm bei.

»Weißt du noch, wie ich mich mal darüber beklagt habe, dass die Leute uns Anfallskranke nicht bei sich haben wollen? Na, ich muss sagen, dass ich irgendwie ein ähnliches Gefühl hab bei Jungen, die wirklich schwer von Begriff sind. Warum sie uns wohl ausgerechnet mit denen zusammenstecken mussten!«

»Hm, ich hab dasselbe Gefühl«, gab Günther zu. Dabei spürte er, dass irgendetwas an seinem Gefühl durchaus nicht in Ordnung war und dass Pastor Fritz traurig sein würde, wenn er etwas davon wüsste.

Aber wenn eine vertraute Gruppe aufgelöst wurde, so gab es dafür schon einen gewissen Ausgleich, denn es bildete sich eine neue Gemeinschaft: Günther ging jetzt seit einem Jahr in den Konfirmandenunterricht von Hermann Wilm sen., Bethels Gemeindepfarrer.

Das war eine ganz besondere Unterweisung, die zu einem ganz besonderen Abschluss hinführte. »Verantwortliche Mündigkeit in Christus«, so erklärte es ihnen Pastor Wilm in der ersten Stunde. »Keine kleinen Kinder mehr, die nur Milch und Brei vertragen, sondern Männer und Frauen, die kräftige Nahrung zu sich nehmen und verarbeiten können, nämlich das Wort Gottes; mit der Stärke, der Fähigkeit und der Bereitschaft, hier auf dieser Erde nach dem Willen Gottes zu leben. Und das ist nicht etwa leicht, meine Lieben. Täuscht euch nicht! Es ist nicht einfach, als Christ zu leben. Manchmal habe ich das deutliche Gefühl, dass ihr, die ihr hier vor mir sitzt, diese Erfahrung bald in eurem eigenen Leben machen werdet. Und eure zwei Jahre Konfirmandenunterricht sind auch keine Kleinigkeit. Gott verlangt sehr viel von euch, weshalb sollte ich dann so wenig verlangen?«

Das Empfinden, mit etwas sehr Ernstem und Wichtigem beschäftigt zu sein, verband sie sehr miteinander.

»Und noch eins«, sagte Pastor Wilms weiter, »ihr werdet gemeinsam mit den Jungen und Mädchen in die Konfirmandenprüfung kommen und konfirmiert werden, die nicht wie ihr körperlich oder geistig behindert sind. Mit den Söhnen und Töchtern unserer Betheler Pastoren, Ärzte, Lehrer, Diakone, Hauseltern und Arbeiter. Weil ihre körperlichen oder geistigen Werkzeuge besser sind, haben sie in einer anderen Klasse Unterricht. Ich will hier nicht sagen, dass ich möchte, ihr solltet besser sein als sie. Einen solchen Wettstreit gibt es nicht im Reiche Gottes. Ich wünsche aber, ihr möchtet allen beweisen, dass man als körperlich oder geistig Behinderter nicht etwa auch geistlich behindert ist. Ich habe sogar sehr oft das Empfinden, dass Gott gerade euch Behinderten die Möglichkeit gibt, seine Wahrheit besser zu verstehen und zu lieben, als die Gesunden das können.«

»Ja, o ja!« Stillschweigend stimmten ihm alle zu. Und auch das verband sie miteinander.

Und dann gab es noch einen zusätzlichen Anziehungspunkt: Zum Konfirmandenunterricht gingen Jungen und Mädchen gemeinsam. In jenen Jahren war das in Bethel so ziemlich das Einzige, wobei Jungen und Mädchen zusammen waren. Es zeigte sich, dass dies eine Verbindung ganz anderer Art war.

Man sagt ja, durch die Frauen käme das Beste und auch das Schlechteste im Manne zutage. Günthers Konfirmandenklasse machte da keine Ausnahme. Bis die Jungen sich daran gewöhnt hatten, dass auch Mädchen dabei waren, gab es erst einmal etwas Angeberei.

Am Anfang der zweiten Stunde sprach Pastor Wilm das Gebet: »Herr, öffne die Türen unserer Herzen, damit du darin einziehen kannst.« Nach dem »Amen« hob Wolfgang, einer der Intelligentesten in der Klasse, die Hand.

»Ja, Wolfgang?«

»Herr Pastor, meine Türen sind schon offen.«

Unterdrücktes Kichern auf der Mädchenseite wie auch bei den Jungen.

»Das ist ja schön, Wolfgang«, antwortete Pastor Wilm gelassen. »Möchte unser Herr Jesus Christus in dein Herz einziehen und immer darin bleiben.«

Irgendwie kam sich Wolfgang nicht mehr so gescheit vor wie eben noch.

Als sie davon sprachen, wie die Israeliten durch die Wüste zogen und von Manna lebten, da war Klaus der Angeber. Mit dem allerunschuldigsten Gesicht fragte er: »Wie hat Gott das denn dahin gebracht? Wenn er es vom Himmel heruntergeworfen hätte, wäre es doch unten kaputtgebrochen.«

Kichern in beiden Bankreihen.

»Was denkst du!«, rief Hans, der wahrscheinlich von allen Klassenkameraden den schwächsten Verstand hatte. »Das war einfach. Für Gott ist alles einfach. Er hat das Manna ganz sacht auf einer Wolke runterkommen lassen.«

»Was denkst du denn!«, antwortete Klaus bissig. »Das Manna wäre durch die Wolke gefallen.«

Doch Hans ließ sich nicht widerlegen. »Der Regen fällt ja auch durch Wolken, und der Regen fällt sacht, oder etwa nicht?«

Diesmal beendete Günther die Diskussion. Er konnte nicht vergessen, dass an ihm selbst Wunder geschehen waren. »Gott lässt Wunder an den Menschen geschehen, aber *wie* sie geschehen, das zeigt er den Menschen nicht immer.«

Wolfgang wiederum wollte die Gelegenheit ergreifen, die Mädchen zu ärgern, als die Klasse im Matthäus-Evangelium las, wie Jesus einmal lehrte und ein Mann ihn mit den Worten unterbrach: »Deine Mutter und deine Brüder stehen draußen und verlangen, mit dir zu reden.« Und Jesus antwortete: »Wer ist meine Mutter und wer sind meine Brüder?« Wolfgang – die »Brüder« in der Geschichte überging er – sagte höhnisch: »Das geschieht ihr recht! Die Frauen sind so albern und sentimental!«

89

»Was weißt denn du davon?«, dieser heftige Ausruf kam von der hintersten Ecke der Mädchenseite. Alle drehten sich um und wollten sehen, wer das gerufen hatte, denn sie hörten und begriffen sehr genau: Das war nicht nur ein Ruf des Zorns, es war ein Schmerzensschrei. Kein Kriegsruf im Kampf der Geschlechter.

Es war Minna, die das gerufen hatte. Minna, die schon siebzehn Jahre alt und eine erwachsene Frau war. Minna, die unter so schweren Anfällen litt, dass man es zunächst für besser gehalten hatte, sie nicht zum Konfirmandenunterricht gehen zu lassen. Aber sie hatte so sehr darum gebeten, und da war sie nun. Minna, deren Gesicht dermaßen entstellt war, dass selbst hier manche verlegen wurden, wenn sie es direkt ansahen – darum schauten die Jungen und besonders die Männer gewöhnlich an ihrem Gesicht vorbei.

»Was weißt du denn schon von Frauen, von Müttern, von Mutterliebe? Und davon, wie das ist, wenn man nie ein Kind haben kann? Nie im Leben ein kleines Kind im Arm halten darf und dabei wissen: Das ist mein Kind!«

Es war eine so nackte Wahrheit, dass sie einander nicht anzusehen wagten, diese Jungen und Mädchen. Wussten sie doch, dass die meisten von ihnen niemals heiraten und Kinder haben dürften, weil die Gesellschaft ihnen nicht erlaubte, eine Familie zu gründen.

Und damit nicht genug: Günther schleuderte ihnen noch eine nackte Wahrheit ins Gesicht. Auch sein Ausruf war ein heftiger Schmerzensschrei. »Wolfgang, wenn du noch mal so hochmütig über die Mutter Maria redest, dann – dann verprügle ich dich so, dass du ewig dran denken wirst! Sie hat sich wenigstens was aus ihm gemacht! Sie ist wenigstens gekommen, ihren Sohn zu besuchen. Das tut meine Mutter nie. Und mein Vater auch nicht. Und meine Großmutter auch nicht. Meine Familie steht nie vor der Tür und will mit mir reden.«

Er stand auf und ging hinaus, so schnell ihn seine plumpen Füße trugen. An der Tür drehte er sich noch einmal um, im bitteren Bewusstsein, wie komisch sein watschelnder Gang aussehen musste.

»Sieh mich an, Wolfgang«, sagte er ruhig. »Sieh mich nur ganz genau an. Ich bin nicht so auf die Welt gekommen. Mich hat man erst so gemacht. Verstehst du, ich habe nun mal keine alberne, sentimentale Mutter.«

Pastor Wilm vergrub den Kopf in den Händen. Niedergeschmettert saßen die Kinder lautlos da. Als er den Kopf wieder hob, sagte er nur: »Ihr könnt jetzt gehen. Für heute habt ihr genug kräftige Nahrung bekommen.«

»Heißt das erwachsen werden?« So fragte sich Günther immer wieder in diesem Herbst vor seiner Konfirmation, in dem es ihm eine Zeit lang so schien, als sei er nie glücklich gewesen. Erwachsen werden, heißt das entdecken, dass man in Wirklichkeit nicht so glücklich ist, wie man meinte? Heißt es, dass einem die Schuppen von den Augen fallen und man sich selbst und die anderen unbeschönigt sieht? Heißt das, bei sich und anderen Dinge feststellen, von denen man lieber nichts wüsste? Einsehen, dass man voller Hass ist – Hass gegen seine Eltern, Hass gegen sich selbst, vor allem gegen sich selbst?

Zum ersten Mal in den sieben Jahren, seit Günther in Bethel war, fühlte er sich einsam. Und doch schien er zugleich für dieses Gefühl der Einsamkeit zu schwärmen und nutzte jede Möglichkeit, allein zu sein.

»Du hast es gut!«, murrte Klaus, der auch oft düster gestimmt war. »Dich lassen sie allein gehen. Aber ich – ich muss immer einen haben, der neben mir herzockelt, weil ich Anfälle kriege.«

Es war nicht leicht, in Bethel eine Stelle zu finden, wo man allein sein konnte, aber wenn Günther an kalten Oktobertagen in den Zionwald ging, kam er oft auf menschenleere Wege. Manchmal saß er auf dem Gottesdienstplatz im Wald als einsame Gestalt auf einer Bank, dort, wo an großen Festtagen wohl fünftausend Menschen versammelt waren.

An einem solchen Nachmittag saß er wieder einmal da, und es klang ihm noch in den Ohren, was Klaus gesagt hatte: »Günther, fragt dich auch jeder, den du triffst, dasselbe, was sie mich fragen? ›Na mein Junge, was willst du denn werden?‹ Anscheinend sollen wir uns jetzt auf einmal entscheiden, was wir nach der Konfirmation anfangen wollen. Die nehmen wohl an, wir müssten spätestens am Tag nach der Konfirmation von irgendwoher klar berufen werden. Wird sich etwa der Himmel öffnen und eine Stimme mir sagen, was aus mir werden soll? Oh, ich weiß schon, was ich gern wäre, Günther. Pilot möchte ich sein. Ein Flugzeug lenken, hoch über die Wolken hinauf, dahin, wo der Himmel immer blau ist. Siehst du mich nicht schon zur Erde runtertrudeln, wenn ich einen Anfall kriege? Ach nein, Klaus wird sicherlich dazu berufen, auf einem Betheler Bauernhof Mist zu schaufeln. Wenn ich da einen Anfall hab und in den Graben falle, das macht ja weiter nichts. Es ist ganz gleich, was ich tun werde, für mich ist das Leben Mist.«

Günther, im Unterschied zu Klaus, sehnte sich nicht nach einem Ruf vom Himmel oder von außerhalb Bethels. Hier hatte er ja die einzige zuverlässige Liebe gefunden, die er überhaupt kannte. Das würde er sein Leben lang nicht vergessen. Und dank Bethels Gründer, Vater Bodelschwingh, standen in Bethel viele Türen zu Lebensberufen offen. An diesem Nachmittag zählte Günther sie an den Fingern her, doch an jeder Tür stand »Nein«.

Ein Diakon wie Bruder Hermann und Bruder Thomas – das war es, was er am liebsten werden wollte. Wenn er doch nach seiner Konfirmation in Nazareth wohnen und Diakon werden könnte! Den Willen dazu hatte er, das war klar. Aber nicht die geringste Aussicht. Ein Diakon musste kräftig genug sein, dass er Erwachsene aus ihrem beschmutzten Bett heben konnte, wenn sie bei einem Anfall das Bewusstsein und damit die Beherrschung über ihren Körper verloren hatten. Er musste sie in die Badewanne bringen und sie abwaschen können. Er musste Männer packen und festhalten können, die viel größer waren als er selbst, um zu verhindern, dass sie sich verletzten, wenn sie wild um sich schlugen. Er und Diakon? Er, dessen wackeliger, verkrümmter Körper beim leisesten Anstoß hinfiel? Unmöglich!

Wenn er nicht in Haus Groß-Nazareth wohnen konnte, wie war es mit Klein-Nazareth? Könnte er Tischlerlehrling sein? Lernen, an der Drechselbank zu arbeiten, Bettgestelle, Stühle und Tische zu machen? Wie dumm, auch nur daran zu denken, mit solchen Händen, wie er sie hatte.

Günther streckte die Hände hoch und zählte auf, was sie nicht tun konnten. Mit diesen schwachen, verkrümmten Händen konnte er keiner von den Schneidern in Haus Pniel werden, keiner von den Schuhmachern in Haus Horeb, keiner von den Webern in Alt-Ebenezer, keiner von den Gärtnern in Saron. Bäcker, Metzger, Hersteller von Kerzenleuchtern – zu jedem Beruf, den Günthers Verstand anführte, sagte sein Körper nein, und seine Seele verzweifelte.

Der Hass, der in Günthers Vergangenheit wurzelte, und das »Nein«, das seine Zukunft ihm entgegenstellte – dieses Jahr trübten sie ihm sogar das Weihnachtsfest. Der wöchentliche Konfirmandenunterricht schien alles noch schlimmer zu machen. Den Lernstoff eignete sein Gedächtnis sich mühelos an – Luthers Großen und Kleinen Katechismus, die Bibelverse, die Gesangbuchlieder –, aber mehr wie ein Computer, nicht wie ein lebendiger durstiger Schwamm. Lange konnte er nicht begreifen, dass auch hierin der Heilige Geist wirkte und ständig die Schichten seines Wesens durchdrang. Er musste erst noch lernen, dass Wahrheiten am meisten dann wehtun, wenn sie durch diese Schichten eindringen, und dass die eigentliche Freude sich nicht eher einstellt, als bis die Wahrheiten ins Allerinnerste durchgedrungen sind.

Auf dem Rückweg nach Haus Kapernaum traf Günther Schwester Anna, die er noch von Haus Patmos her kannte.

»Günther! Haben wir uns aber lange nicht gesehen! Wie geht

es dir denn? Ich habe gehört, dass du im Frühjahr konfirmiert wirst. Und was hast du dann vor? Was wirst du anfangen?«

»Ich habe gerade meine Berufung zum Schrotthaufen bekommen«, sagte Günther kühl.

»Du meinst, dass du in der Brockensammlung arbeiten willst? Da wirst du wohl helfen, all die gebrauchten Sachen zu sortieren, die Bethel geschenkt bekommt. Das ist eine gute Arbeit, Günther, wenn du sie zur Ehre Gottes tust.«

Klaus kicherte über Günthers düsteren Humor und über Schwester Annas Missverständnis. »Zur Ehre Gottes!«, brummte er. »Sagen wir lieber zur Ehre von Großmama Sophies falschen Zähnen, von Tante Almas altem Korsett und Onkel Heinrichs ausrangierter Brille!«

Am Sonntag darauf predigte Pastor Fritz über »Berufung« – fast als wüsste er ihre geheimen Gedanken. Günther und Klaus, die nebeneinander saßen, konnten kaum ihren Ohren trauen.

»In wenigen Wochen werden neunundachtzig von unseren jungen Menschen vor dieser Gemeinde stehen und auf Gottes Einladung eine bindende Antwort geben. Das ist nicht die Einladung zu einer großen Gesellschaft oder einem Fest; auch nicht die Einladung, einen Beruf zu ergreifen, etwa Diakon oder Buchbinder oder Krankenpfleger zu werden. Nein, nichts von der Art. Es ist eine persönliche Einladung Gottes in die Gemeinschaft mit seinem Sohn Jesus Christus, unserem Herrn. Diese Einladung macht uns nicht unbedingt glücklich. Wenn wir sie nicht tiefer erfassen als bloß mit dem Gefühl, so kommen wir in Schwierigkeiten. Denn im weiten Raum der Gefühle bringen uns der Satan, unsere Phantasie und unser alter Adam dahin, dass wir die Einladung verachten und ablehnen. Wenn wir sie nicht tiefer erfassen als bloß mit dem Verstand, so kommen wir auch in Schwierigkeiten. Denn der Verstand kann sie niemals begreifen. Nur in unserer tiefsten Tiefe, da wo der Geist Gottes zu unserem Geist spricht, nur da können wir diese Einladung aufnehmen und annehmen.«

»So persönlich brauchte er nicht grade zu werden«, sagte Klaus auf dem Rückweg nach Haus Kapernaum.

»Bitte, lass deine geistreichen Bemerkungen!«, war Günthers schroffe Antwort.

»Verdammt noch mal, so hab ich's ja gar nicht gemeint!«, fuhr Klaus ihn an.

Danach redeten sie die ganze Woche lang kaum miteinander.

Fast schien es Günther und Klaus, als bestünde eine Verschwörung, persönlich zu werden. Auch Pastor Wilm griff in der nächsten Stunde diese quälende Frage auf, was man mit sich anfangen soll, wenn man kein Kind mehr ist. »Was meint ihr denn«, fragte er sie, »welches ist die beste Arbeit, welches ist der echteste Beruf?«

»Pastor sein oder Missionar«, antworteten mehrere sofort.

Pastor Wilm lachte leise. »Das glauben viele Leute, besonders Pastoren und Missionare. Aber Gottes Gedanken sind anders, und ich nehme an, Straßenkehren und Fußbödenwischen ist genauso gut und echt.«

»Soldat sein«, meinte Wolfgang.

»Mutter sein«, sagte Minna.

»Nein«, antwortete Pastor Wilm. »Ihr könnt mir alle Berufe der Welt aufzählen, und ich werde doch immer nein sagen. Ich glaube mit Paulus und mit Martin Luther, dass der eigentliche Beruf des Menschen darin besteht, Gott zu ehren, ihn mit Geist, Gemüt und Leib zu ehren. Was wir auch mit dem Leben anfangen, unsere erste und wichtigste Aufgabe ist es, Gott zu ehren. Johann Sebastian Bach schrieb über jede seiner Kompositionen die Worte: »Gott allein die Ehre«. Sagt mal, was haltet ihr denn von unserem Freund Fränzchen?«

Da ließen sie ihre Gedanken zu Fränzchen wandern, der mit einem Eselskarren durch die Straßen von Bethel zog und Abfälle für die Schweine sammelte. Ungefähr das Einzige, was er sagen konnte, war: »Schweineabfall! Schweineabfall!« Und doch war

Fränzchen immer zufrieden und heiter. Es tat einem geradezu in der Seele wohl, wenn man ihn traf.

»Fränzchen ehrt Gott«, kam eine Stimme von den letzten Bänken her.

»Und ob er das tut!«, sagte Pastor Wilm. »Fränzchen könnte ja auch mit dem Gefühl herumlaufen, dass er vom Leben betrogen sei, dass sein Körper und sein Verstand minderwertig und untauglich seien, nicht mal gut genug für die Brockensammlung. Aber Fränzchens Seele weiß, dass er sogar mit seinem kranken Verstand und seinem kranken Körper Gott ehren kann. Und weil er das tut, bringt er allen, denen er begegnet, Freude. Wenn ich Fränzchen sehe, dann liebe ich Jesus Christus erst recht.«

Auch Pastor Kuhlo schien mit in der Verschwörung zu stecken. Die 89 Konfirmanden sollten bei der Konfirmation ein besonderes geistliches Lied singen. Das Lied, das er dazu aussuchte und mit ihnen einübte, hatte Paul Gerhardt geschrieben, unser größter Dichter geistlicher Lieder, und der mehrstimmige Satz war von Johann Sebastian Bach, unserem größten Komponisten. Ein persönlicheres Lied als dieses konnte man sich kaum denken. » . . . in deiner Kreuzesnot . . . mein Hirte, nimm mich an . . . ich will hier bei dir stehen . . . ach gib, dass ich mich halte zu dir und deiner Treu.«

Günther und Klaus gingen einander noch ziemlich aus dem Weg, bis zu jenem Tag Mitte März – mit einem Wetter wie im Juni –, als in jedem Haus von Bethel das Telefon klingelte, als alle gebeten wurden, sich aufzumachen und Inge zu suchen. Inge war von Haus Patmos weggelaufen, sie wollte ihre geliebte Schwester Anna wiederfinden. Schwester Anna war für vierzehn Tage in Urlaub gegangen. Sie hatte sich vorher alle Mühe gegeben, Inge das klarzumachen, aber Inges Verstand konnte das Wort »Urlaub« nicht fassen. Für sie war Schwester Anna weg, und man musste sie suchen. Schwester Anna war verloren gegangen, Inge wollte sie wieder finden. Und jetzt suchte ganz Bethel nach der verloren gegangenen kleinen Inge.

Günther und Klaus umkreisten angstvoll die Teiche in Bethel, sie wagten nicht, in das kalte, trübe Wasser hinunterzusehen. Zusammen mit vielen anderen stiegen sie den Berg hoch und riefen in den dunklen Wald hinein, der sich viele Kilometer weit erstreckte: »Inge! Inge! Wo bist du, Inge?«

Aber sie hörten nichts, nicht einmal den Widerhall ihrer eigenen Stimme. Den ganzen Tag und auch in der Nacht keine Spur von Inge. Manche suchten die Nacht hindurch weiter. Dann am nächsten Morgen, gegen neun Uhr, fingen die Glocken im Turm der Zionskirche wie wild zu läuten an. Später erzählte man: Als Pastor Fritz erfahren hatte, dass Inge wieder da war, stieg er selbst über die enge Treppe in den Glockenturm hinauf und fing an zu läuten; aber das Glockenseil riss ihn mit in die Luft, und der eigentliche Glöckner musste ihn herunterholen, dass er wieder heil auf seine Füße zu stehen kam. Sooft der Glöckner diese Geschichte später lachend erzählte, sagte er: »Und da hab ich zu ihm gesagt: ›Schuster, bleib bei deinem Leisten! Bleiben Sie nur bei Ihrem Predigen und ich bleibe bei meinem Glockenläuten.‹«

Von überallher strömten alle, die laufen konnten, den Berg hinauf zur Kirche. Am Eingang stand Pastor Kuhlo und spielte »Nun danket alle Gott«. Und da war Inge. In eine warme Decke gehüllt lag sie wohlgeborgen Pastor Fritz im Arm. Mit ihr stieg er auf die Kanzel und berichtete: Ein Holzfäller hatte gestern Abend etwa zehn Kilometer weiter Inge im Wald gefunden. »Schwester Anna weg. Inge Schwester Anna suchen«, hatte sie zu dem Holzfäller gesagt. Dann las Pastor Fritz das Gleichnis vom verlorenen Schaf aus dem 18. Kapitel des Matthäus-Evangeliums. Doch für Günther und Klaus war das größte Gleichnis die strahlende Freude im Gesicht von Pastor Fritz – die reine Freude und Liebe, mit der er auf Inge schaute, auf Inge, die fröhlich lachte und seinen glänzend kahlen Kopf streichelte.

»Wenn ich noch mal davon reden sollte, dass ich zu nichts gut wäre, dann gib mir einen ordentlichen Tritt in den Hintern!«, erklärte Klaus auf dem Rückweg nach Haus Kapernaum.

»Gilt umgekehrt genauso«, sagte Günther, aber in seinem Allerinnersten war es wie ein Singen, so befreit fühlte er sich. Nicht nur seine Angst vor der Zukunft war verschwunden, auch das Eis seines Hasses war weggeschmolzen: der Widerwille und Hass gegen seine Eltern, gegen seine Großmutter; der Widerwille und Hass gegen seinen verkrüppelten Körper. Es machte ihm keine Angst und keinen Kummer mehr, dass er dieser Günther war. In seinem Allerinnersten war es wirklich so, als sei er ganz von neuem geboren worden und sei nun ein völlig anderer Günther.

Ein so völlig anderer Günther, dass er an dem Sonntag, als die 89 Konfirmanden in der überfüllten Zionskirche ihre Prüfung hatten, nicht im Geringsten stolz war; obwohl er auf jede Frage, die die anderen Konfirmanden nicht beantworten konnten, die richtige Antwort wusste. Der alte Günther hätte im Stillen gedacht: »Alle mal herhören! Hört ihr's? Ich bin klüger als die Kinder der Pfarrer, Professoren und Ärzte.«

Gegen Ende der langen Prüfung kam Pastor Wilm mit einem Male auf den Gedanken, nach allen Ortsnamen in Bethel zu fragen.

»Wolfgang«, sagte er, »kannst du uns sagen, woher der Name Bethel stammt?«

»Das ist ... das ist ein Name aus der Bibel«, stammelte Wolfgang.

»Richtig. Auch die Namen von fast allen Häusern in Bethel stammen aus der Bibel. Aber in welcher biblischen Geschichte kommt denn der Name Bethel vor? Minna, weißt du das?«

»Bethlehem, wo Jesus geboren ist?«

»Nein, Minna. Hans-Jürgen, kannst du diese Frage beantworten?«

Aber nicht einmal der Sohn des Theologieprofessors wusste die Antwort.

»Günther?«

»Bethel ist nach der Stätte benannt, an der Jakob von einer Leiter träumte, die bis an den Himmel reichte. Er nannte die Stätte Bethel, das bedeutet ›Haus Gottes‹.«

»Und was hat Jakob dort getan?«

»Er tat ein Gelübde, dass der Herr sein Gott sein solle.«

»Genau so, wie ihr Jungen und Mädchen das heutzutage in Bethel tut. Klaus, gibt es sonst noch Ortsnamen im ersten Buch Mose, mit denen Häuser in Bethel benannt sind?«

Klaus wusste keine anderen.

»Günther?«

»Mamre, Hebron, Morija und Mahanajim, die Namen kommen alle in der Genesis vor«, antwortete Günther prompt.

»Sag mal, Günther«, fragte Pastor Wilm neugierig, »wieso weißt du eigentlich, woher all die Namen der Häuser in Bethel stammen? Ich wüsste nicht, dass wir sie im Konfirmandenunterricht besprochen hätten.«

»Nun, ja . . .«, Günther wurde rot und warf Pastor Fritz einen Blick zu, »ja, den Namen für Haus Kapernaum habe ich doch damals vorgeschlagen. Und dann wurde ich so neugierig, woher all die anderen Namen kämen, dass ich sie alle in der Bibel nachgeguckt habe.«

» Junge, du warst ja ganz große Klasse!«, sagte Klaus hinterher, voll neidloser Bewunderung.

»Ich hab eben zufällig die richtigen Fragen gekriegt«, meinte Günther bescheiden.

»Aber ich wette, auf eine Frage weißt du doch keine Antwort«, sagte Klaus. »Wie in aller Welt konnten bloß die japanischen Christen auf der anderen Seite der Erdkugel wissen, wann unsere Konfirmation ist, dass sie uns diese Neuen Testamente mit Goldschnitt geschickt haben?«

»Vielleicht gehört das zu dem, was man ›Gemeinschaft in Christus‹ nennt«, sagte Günther.

Dass er die Familie Gottes und die Gemeinschaft in Christus

99

so lebhaft empfand, das machte den Konfirmationstag für Günther zu einem strahlenden Festtag. Sonst hätte es leicht ein düsterer Tag für ihn werden können. Schien es doch, als seien zu allen die Verwandten gekommen, nur nicht zu ihm.

Das Tal zwischen den beiden Hügelketten ist oft von Regenwolken verhüllt, aber der Palmsonntag 1929, der 29. März, war wunderschön sonnig. Als die Jungen in Haus Kapernaum zum Frühstück herunterkamen, sahen sie, dass die Hauseltern in der Nacht den Speiseraum mit frischem Grün und farbenfrohen Sträußen aus Tulpen, Osterglocken und Hyazinthen geschmückt hatten. Seitdem erinnerte der Duft von Hyazinthen Günther immer an diesen größten Sonntag seines Lebens. Ebenso das Läuten der Kirchenglocken, denn ehe der Gottesdienst in der Zionskirche begann, ertönte eine volle halbe Stunde lang jubelndes Glockenläuten vom Kirchturm her. Die Jungen und Mädchen der Konfirmandengruppe gingen miteinander in einem festlichen Zug durch die mit grünen Zweigen bestreuten Straßen zur Zionskirche hinauf. Oben auf dem Berg, vor Haus Hebron, trafen sie mit der anderen Konfirmandengruppe zusammen. Die beiden Gruppen begrüßten sich und zogen gemeinsam zur Kirche. Sie schritten durch das Mittelschiff nach vorn und sangen dabei ihr Konfirmationslied »O Haupt voll Blut und Wunden«.

Ehe sie das Gelöbnis ablegten, sagte Pastor Wilm zu ihnen: »Ihr Lieben, unser Herr Jesus Christus hat euch in der heiligen Taufe angenommen und zu Gliedern seiner heiligen Kirche gemacht. Gemäß dem Gebot unseres Herrn seid ihr im Wort Gottes unterwiesen und zur Erkenntnis seines Willens und seiner Frohen Botschaft angeleitet worden. Ihr begehrt nun, euren Glauben vor dieser Gemeinde zu bekennen und den Segen Gottes zu empfangen. Darum frage ich jeden Einzelnen von euch ...«

»Günther, entsagst du dem Teufel und allen seinen Werken und all seinem Wesen?«

»Ich entsage«, antwortete Günther.

»Glaubst du an Gott, den allmächtigen Vater ... ? Glaubst du an Jesus Christus, seinen eingeborenen Sohn, unseren Herrn ... ? Glaubst du an den Heiligen Geist ... ?«

Von ganzem Herzen antwortete Günther auf jede dieser Fragen: »Ich glaube.« Im Stillen setzte er aus tiefster Seele hinzu: »Mein Hirte, nimm mich an!« Als Pastor Wilm ihm die Hand auf den Kopf legte und ihm den Bibelvers vorlas, der die goldene Wahrheit seines Lebens sein sollte, wusste Günther, dass sein Gebet schon erhört war: »Jeremia 31, Vers 3: Mit ewiger Liebe habe ich dich geliebt; darum habe ich dich zu mir gezogen aus Güte.«

Klaus' Verwandte waren zu seiner Konfirmation gekommen, und am Nachmittag bei der Feier in Haus Assapheum lernte Günther sie alle kennen. Aber Günthers Angehörige, seine Angehörigen jetzt und für alle Zeit, waren auch dabei: Hausvater und Hausmutter Mast, Bruder Hermann, Bruder Thomas, die Diakonissen von Haus Patmos, Leni, Willi ...

»Günther, du Freund von Willi«, sagte Willi und drückte ihm die Hand so kräftig, dass es wehtat.

»Nein«, erwiderte Günther mit Festigkeit, »dein Bruder!«

Als Pastor Fritz ihn in den Arm nahm, als er seine Wange an Günthers Wange legte und sagte: »Günther, mein Liebling, mein Diakon«, da wusste Günther – und er hat nie mehr daran gezweifelt –, dass er, Günther, in der Gemeinde Jesu Christi einen so lieben menschlichen Angehörigen gefunden hatte, wie ihn ein Junge überhaupt nur haben kann.

Die widerwärtigste Zeit

Günther war nun zu der Einsicht gekommen, dass die eigentliche Berufung des Menschen darin liegt, zur Ehre Gottes zu leben. Trotzdem war es nicht leicht für ihn, zu sehen, wie seine Freunde sich für einen Lebensberuf entschieden, und dabei nicht zu wissen, was er selbst anfangen sollte. Welchen Beruf die Kameraden auch wählten – ob sie nun Metallarbeiter, Zimmerleute, Gärtner, Buchbinder oder Elektriker wurden – immer bedeutete es, dass sie Haus Kapernaum verließen, um sich in einem anderen Haus in eine andersartige Familiengemeinschaft einzugliedern. Die bisherige Gemeinschaft der Schulzeit war endgültig vorbei.

Klaus entschied sich dafür, als Elektrikerlehrling anzufangen. »Wenn ich schon kein Pilot werden kann und nicht selbst mit dem Flugzeug in die Luft aufsteigen, wenn ich keine Schleifen- und Sturzflüge ausführen kann, dann will ich lernen, Sprache und Musik in die Luft zu schicken.«

»Sprache und Musik in die Luft schicken – was meinst du damit?«

»Den Rundfunk meine ich! Für die Übertragungen der Gottesdienste und Feste zu den Bethel-Kranken, die ans Haus gebunden sind, sorgen doch die Elektriker.« Wie sehr beneidete Günther Klaus darum, dass er ein so klares Ziel hatte!

Wolfgang wollte Bäcker werden. Vertraulich sagte Klaus zu Günther: »Ich wette, das will er deshalb, weil es für ihn nichts Schöneres gibt, als in ein knuspriges frisches Brötchen zu beißen.«

Minna, so erfuhren sie, war nach Haus Patmos gegangen. Dort würde sie helfen, die ganz kleinen und hilflosen Kinder zu pflegen.

Klaus, Wolfgang, Minna – sie würden jeder einen Dienst leisten, der in irgendeiner Art das Leben anderer schöner mach-

102

te. Aber er selbst, Günther, wie konnte er das Leben anderer schöner machen? Sein Herz mochte noch so sehr von Dankbarkeit gegen Gott überfließen – sobald es darum ging, irgendetwas für jemanden zu tun, waren seine verkrüppelten Hände keinen Pfifferling wert. Er schämte sich ganz schrecklich, als ihm seine bittere Bemerkung zu Schwester Anna einfiel: »Ich habe gerade meine Berufung zum Schrotthaufen bekommen.«

Aber im Ernst, wie wäre es denn mit dem »Schrotthaufen«, mit der Brockensammlung, an die alle möglichen Leute aus allen möglichen Orten alle möglichen Dinge schickten, von alten Badewannen und Fahrrädern bis zu abgelegten Kleidungsstücken, Schirmen und Rasierapparaten? Die Sammelstelle hatte sich in den 39 Jahren ihres Bestehens zu einer riesigen Einrichtung entwickelt und Hunderte von Patienten beschäftigt.

»Vielleicht könnte ich das Durcheinander von Stiefeln, Gummischuhen und Halbschuhen, die dorthin geschickt werden, zu Paaren ordnen«, dachte sich Günther. Übermäßig begeistert war er allerdings nicht von der Vorstellung, dass er sein Leben alten Schuhen widmen solle.

»Dann würdest du in Haus Tiberias wohnen«, sagte Klaus. »Und woher kommt der Name von Haus Tiberias, Herr Allwissend?«

Als ob er eine Aufgabe in der Schulklasse hersagte, antwortete Günther: »Haus Tiberias ist nach dem Ort benannt, wo die Speisung der Fünftausend war und Jesus sagte: ›Sammelt die übrig gebliebenen Brocken, damit nichts verloren geht!‹«

»Eine ausgezeichnete Antwort, mein Junge!«, sagte Klaus. »Setz dich auf den ersten Platz in der Klasse!«

Aber nachdem Günther mit seinem Hausvater darüber gesprochen hatte, was er anfangen solle, ging er schließlich ins Weihnachtshaus, um dort zu helfen.

»Im Weihnachtshaus arbeiten macht Freude«, sagte der Hausvater. »Es steht unter der Leitung von Schwester Frieda – Pastor Fritz ist ihr Bruder – und Schwester Marie. Das ganze Jahr über füllen sie die Regale mit den allerbesten Sachen von dem, was unsere vielen Freunde uns nach Bethel schicken. Und das ganze Jahr über kommen Hausväter und Hausmütter dorthin, um für jeden Bethel-Patienten das richtige Weihnachtsgeschenk auszusuchen. Im Weihnachtshaus ist das ganze Jahr Weihnachten, Günther!«

»Werde ich dann in Haus Tiberias wohnen?«, fragte Günther.

»Vielleicht solltest du lieber nach Haus Heilgarten gehen, zu denen, die nur körperlich behindert sind. Es liegt nahe dabei, du könntest also gut zu deinem Arbeitsplatz hinkommen.«

So siedelte er denn nach Haus Heilgarten über. Es war nach dem Ersten Weltkrieg als Rehabilitationszentrum eröffnet worden, um ehemaligen Soldaten und anderen zu helfen, die einen oder zwei Arme oder Beine, vielleicht gar Arme und Beine verloren hatten. Sie lernten dort, mit künstlichen Gliedmaßen zu leben und zu arbeiten. Vielleicht stand hinter der Entscheidung, Günther in dieses Haus zu schicken, die Hoffnung, dort könnte seinen Gliedern dazu verholfen werden, besser zu arbeiten. Bei aller Steifheit waren sie doch wenigstens so gut wie die künstlichen Gliedmaßen aus der Heilgarten-Werkstatt.

Die Übersiedlung von Haus Kapernaum nach Haus Heilgarten fiel ihm nicht leicht, wahrhaftig nicht. Mehr als einmal stand Günther, der doch nun als Erwachsener galt, hinter der Hecke und weinte. Erstens hatte er dort keine jungen Kameraden. Jungen seines Alters kamen dorthin meistens nur, damit ihnen die künstlichen Gliedmaßen angepasst wurden und sie lernten, diese Kunstglieder zu gebrauchen. Sie kamen, blieben eine kurze Zeit und gingen wieder fort.

Und zweitens, was die Kriegsversehrten anging – es war nun schon fast ein Dutzend Jahre nach Kriegsende. Wer jetzt noch dort wohnte, das waren natürlich die am schwersten Geschädigten. Nicht alle diese Männer hatten in Bethel ihre innere Verbitterung überwinden können. Bisher hatte Günther in Bethel nur solche Erwachsenen kennen gelernt, die Gott lobten. Jetzt lernte er hin und wieder jemanden kennen, der Gott fluchte. Und ihn schauderte in seiner jungen Seele, die sich eben erst Gott übergeben hatte. Pastor Kuhlo hatte zwei Söhne im Krieg verloren, und er fluchte Gott nicht. Der Begründer von Bethel, Vater Bodelschwingh, und seine Frau hatten in einem Monat vier Kinder verloren und hatten Gott nicht geflucht. Wie oft hatte Günther Pastor Fritz sagen hören, wer nicht auch in Nöten Gott loben könne, der sei noch kein reifer Christ. Waren das Christen, diese verbitterten alten Soldaten? Und wenn sie keine Christen waren, gehörten sie dann ausgerechnet nach Bethel? Trotzdem wurden sie mit der gleichen Liebe und Sorgfalt gepflegt wie der ganz und gar hilflose Martin. Und von wem konnte man sagen, dass er Gott lobte, wenn nicht von Martin?

Durch Martin lernte Günther, wie viel dem Menschen doch bleibt, auch wenn ihm noch so viel genommen ist. Im Krieg war dicht neben Martin eine Granate explodiert. Danach hatte er so lange unversorgt im Schützengraben gelegen, dass er Wundfäule bekam. Deshalb musste man ihm beide Arme und beide Beine amputieren. So vieles, was eigentlich zum Menschen gehört, war vernichtet. Und doch, Martins Lebensmut war durchaus nicht vernichtet.

»Stell dir bloß mal vor«, sagte Günther zu Klaus, als sie sich eines Tages auf der Straße trafen, »ich beklage mich darüber, dass ich jemanden bitten muss, mir die Zehennägel und Fingernägel zu schneiden. Aber Martin hat kein Stückchen Arm oder Bein mehr. Doch du solltest ihn mal hören, wenn er auf seiner Mundharmonika spielt! Die Diakone haben ihm die Harmonika auf einem Gestell befestigt, da hat er sie vor sich und bläst drauflos, dass du meinst, es wäre ein ganzes Orchester!«

Das viele Leid, das Günther in Haus Heilgarten zu sehen bekam, bereitete ihn vielleicht auf das Unheil vor, das bald, einem schweren Anfall vergleichbar, über die Welt kommen sollte. Denn schon bahnte sich der nächste Krieg an. Schon waren Geist und Gemüt der Menschen, die diesen gewaltigen, welterschütternden Ausbruch zustande bringen sollten, krank und zerrüttet. Es sollte eine so heftige und schwere Erschütterung werden, dass man noch lange, lange Zeit danach dasitzen, sich beim Kopf fassen und sich fragen würde, ob man die Trümmer wohl jemals wieder zusammensetzen könne.

Aber die Arbeit im Weihnachtshaus führte Günther schließlich geradezu in die Mitte eines anderen Krieges – eines Krieges, der noch weit dämonischer war. Es wurde ein Kampf auf Leben und Tod, der ihn und seine Betheler Freunde viel ärger bedrohte als die Bomben, die im Zweiten Weltkrieg auf Bethel fielen. Die Saat zu diesem Krieg reifte in den gleichen zerrütteten Gemütern heran wie die Saat zum Zweiten Weltkrieg.

Doch alles das wusste Günther im Sommer 1929 natürlich noch nicht. Damals wusste er nur, dass es riesigen Spaß machte, im Weihnachtshaus bei Schwester Frieda und Schwester Marie zu arbeiten. Wie sehr ihm die mütterlichen Diakonissen mit ihren gefälteten weißen Hauben und der großen Schleife unter dem Kinn gefehlt hatten, das ging ihm erst nachträglich auf, als er nun wieder bei ihnen war.

»Was soll ich jetzt machen, Schwester Frieda?«

»Willst du etwa sagen, dass du schon alle Schachteln leer gemacht hast, die Alfred von der Post geholt hat? Du meine Güte, Günther! Du bist ja wie ein ›geölter Blitz‹! Nächstens werde ich dich so nennen. Hier ist ein Kasten mit Puppen und Teddybären, den haben die Mädchen von Haus Nebo gerade herübergeschickt. Sind sie nicht goldig? Möchtest du nicht selber ein kleines Mädchen sein und zu Weihnachten diese Babypuppe geschenkt bekommen?«

»Nee«, sagte Günther, aber er musste doch ein bisschen lachen. Und während er seine Arme und Hände als Zangen gebrauchte und die Puppen in Regale einordnete, ertappte er sich dabei, dass er Weihnachtslieder sang.

Im August fragte ihn Schwester Frieda eines Tages, ob er nicht jeden Morgen nach dem Frühstück ein geistliches Lied für ihren

Bruder Pastor Fritz singen könne. »Fang morgen an damit, an seinem zweiundfünfzigsten Geburtstag. Sag aber kein Wort davon! Stell dich einfach in den Garten vor sein Arbeitszimmer und singe los!«

»Aber ich kann doch gar nicht gut genug singen!«, protestierte Günther, erstaunt über einen solchen Vorschlag.

»Sicher, du bist kein Enrico Caruso, Günther, aber beim Singen kommt es auch noch auf etwas anderes an als nur auf eine wunderbare Stimme.«

»Ja, wirklich«, stimmte Schwester Marie bei, »wenn du Gottes Lob singst, Günther, dann erinnerst du uns irgendwie daran, dass wir mit unseren Sorgen und Nöten nicht ganz allein gelassen sind. Tu das doch, singe jeden Tag ein Lied für Pastor Fritz. Er hat ja so viel Schweres zu tragen.«

»Was soll ich denn da singen?«

»Morgen, an seinem Geburtstag, eins von den Paul-Gerhardt-Liedern«, sagte Schwester Frieda, »die liebt er ganz besonders. Kannst du die Strophe ›Abend und Morgen . . . ‹?«

> ». . . sind seine Sorgen«, sang Günther,
> »segnen und mehren,
> Unglück verwehren
> sind seine Werke und Taten allein.
> Wenn wir uns legen,
> so ist er zugegen;
> wenn wir aufstehen,
> so lässt er aufgehen
> über uns seiner Barmherzigkeit Schein.«

Pastor Fritz und Frau Julia wohnten in »Haus Burg«. Das konnte eine Festung bedeuten, ein Bollwerk, ein Haus mit dicken Mauern, vergitterten Fenstern, schweren Türen und so weiter. Aber nicht, wenn die Bodelschwinghs darin wohnten! Bei ihnen war Haus Burg wie ein Haus ohne Dach, ohne Mauern, ohne Riegel. Jeder konnte nach Belieben kommen und gehen, häusliche Abgeschiedenheit gab es dort fast gar nicht. Haus Burg war ein mächtiges steinernes Haus, in den Berg hineingebaut. Im ersten Stock lagen gleich Bienenwaben die verschiedensten Büros für Bethel, Versammlungsräume und Schlafzimmer für Mitarbeiter. Oben war die Bodelschwinghsche Wohnung. Das Arbeitszimmer, in dem Pastor Fritz arbeitete und betete, in dem schon sein Vater gearbeitet und gebetet hatte, lag noch eine Treppe höher. Da das Haus in den Berg hineingebaut war, öffneten sich die drei großen Fenster dieses Arbeitszimmers im dritten Stockwerk ebenerdig auf einen Garten und zum Abhang des Berges hin, auf dessen Gipfel die Zionskirche stand.

In diesen Garten also kam Günther am Morgen des 14. August 1929. Die Fenster standen offen, und er konnte sehen, wie Pastor Fritz an einem hohen Stehpult stand und schrieb. Günther tat den Mund auf und gleich wieder zu. Wie konnte er ihm denn etwas vorsingen und ihn bei der Arbeit stören – den viel beschäftigten Leiter von ganz Bethel? Dass diese unüberlegten, törichten Frauen im Weihnachtshaus auch nur auf die Idee gekommen waren! Günther wandte sich und wollte schnell wieder davonlaufen, aber mit seinen Füßen konnte er nicht gerade auf Zehenspitzen gehen, und Pastor Fritz hörte ihn.

»Günther! Mein kleiner Diakon!«, rief er ihm aus dem Fenster zu. »Wolltest du zu mir?«

Günther drehte sich um. »Schwester Frieda ... sie ... sie hat gesagt, ich soll was für Sie singen«, stammelte er.

»Damit würdest du mir eine große Freude machen.«

Mit unsicherer Stimme fing Günther an, aber bei der Stelle »... Sonsten regiere, mich lenke und führe ...« klang es schon ganz kräftig. Inzwischen hatte sich auch Frau Julia neben Pastor Fritz gestellt.

»Ich danke dir, Günther! Du hast mir den heutigen Tag leichter gemacht«, sagte Pastor Fritz. Dabei lehnte er sich aus dem Fenster und fasste mit beiden Händen Günthers Hand.

»Dich hat sicher Schwester Frieda geschickt, nicht wahr?«,

meinte Frau Julia. »Sie denkt sich immer so hübsche Überraschungen für ihren kleinen Bruder Fritz aus. Warte mal eben, wir wollen ihr auch eine hübsche Überraschung schicken. Hilfst du mir, für das Haus und für Schwester Frieda frische Blumen zu schneiden?«

Im Nu war Frau Julia im Garten – ihre grauen Haare rutschten schon unter den Haarnadeln weg – und brachte zwei Körbe und eine Schere mit. Durch eine Öffnung in der Hecke führte sie Günther in den Hauptgarten, in dem es ebenso viele Blumen gab wie Gemüsepflanzen.

»Sieh mal einer an!«, rief Frau Julia, »heute Morgen sehen die Astern fröhlicher aus. Weißt du, Günther, an Regentagen gibt es nichts Traurigeres, Elenderes als ein Beet voller Astern. Sie sinken dann einfach in sich zusammen, lassen die Köpfe bis auf die Erde herunterhängen und werden ganz mit Schmutz bespritzt. Wir wollen Schwester Frieda einen großen Strauß Astern schicken, dunkelrote, rosa und blaue.«

In ihrem handgewebten blauen Kleid und der lavendelfarbenen Schürze wirkte Frau Julia wie ein leuchtendes Segelboot in einem Meer von Blumen. Sie schlüpfte hierhin und dorthin, schnitt rechts und links Blumen ab und füllte die beiden Körbe damit, die sie Günther an den Arm gehängt hatte.

»Wie traurig sähe die Erde aus, wenn unser Herrgott uns keine Blumen gegeben hätte«, sagte sie. Dann, als sei ihr plötzlich etwas eingefallen, richtete sie sich auf und sah Günther eindringlich an. »Neuerdings liegt etwas in der Luft, es gibt so viel Gerede von ›lebensunwertem Leben‹. Im Januar hat Pastor Fritz in Lübeck eine große Ansprache gehalten gegen dieses neue Übel, das jetzt in die Welt gekommen ist. Ich muss ihm mal was von den Blumen sagen. Meinst du, dass solche Menschen, die anfangen zu behaupten, es gäbe Leben, das sich nicht zu erhalten lohnt, bei den Blumen das gleiche Gefühl haben? – Wenn du eine Blume sein könntest, Günther, was für eine möchtest du dann sein?«

Günther sah sich im Garten um. Schließlich war er ein Junge und hatte in seinen fünfzehn Lebensjahren nicht gerade viel Gedanken an Blumen gewendet. Nach einer Weile sagte er: »Die dort«, und zeigte auf eine hohe Pflanze mit riesigen Blumen. Die hatten in der Mitte ein großes braunes Rund und ringsherum lange gelbe Blütenblätter.

»Ganz wie's zu einem Jungen passt«, sagte Frau Julia lachend, »eine große, kräftige Sonnenblume. Du gleichst ihr auch, Günther. Du wendest dich der Sonne zu, du siehst die Sonne an, du nimmst die Sonne in dich auf. Dein ganzes Gesicht ist voller Sonne. Überall, wo du hinkommst, verkündest du die Sonne. Das ist viel mehr, als was manche Theologen können, die doch ihr Leben lang Gottes Wort studieren.«

Frau Julia bückte sich und schnitt eine Kornblume ab. »Da hast du einen blauen Knopf ins Knopfloch, mein kleiner Theologe.«

Wenn jemand an diesem Morgen Günther beobachtet hätte, als er von Haus Burg zum Weihnachtshaus ging, dann hätte er gesehen, dass sein Gang noch viel wackeliger war als gewöhnlich. Günther selbst war so zumute, als flöge er zum Weihnachtshaus, beflügelt durch das Wissen, dass ein Erwachsener so mit ihm geredet hatte, als gäbe es keinen Unterschied zwischen ihnen, nicht den geringsten. Frau Julia hatte so mit ihm geredet, als ob er fünfzig Jahre alt wäre – oder als ob sie fünfzehn wäre –, oder als ob er ein hochwichtiger Besucher wäre!

Wenn Günthers Seele an dem Tag, da er zum ersten Mal (wie seitdem an allen Werktagen) ein Lied für Pastor Fritz gesungen hatte, sich bis zur Höhe einer Kirchturmspitze aufschwang – an jenem anderen Tag, als Frau Julia zum Weihnachtshaus kam und ihn fragte, ob er ihr Botengänger sein wolle, muss seine Seele die Wolken berührt haben. Er konnte zuerst seinen Ohren nicht trauen. Frau Julia wollte ihn als Botengänger haben? Ihn, der nicht einmal richtig gehen konnte, der auf eine ganz verdrehte Art daherschlurfte und rutschte und hüpfte, im Zickzack bald in dieser und bald in jener Richtung? »Du Hoppelfritze!«, hatten ihm einmal ein paar Kinder in Bielefeld nachgerufen. Als er endlich doch glaubte, dass er seinen Ohren trauen dürfe, da wusste er: Bis zum Nordpol und wieder zurück würde er laufen, auf glühenden Kohlen oder auf spitzen Nägeln gehen, alles – es gab nichts auf der Welt, das er nicht tun würde, wenn Frau Julia ihn darum bat.

Wenn er sein Lied für Pastor Fritz gesungen hatte, fing Günther gleich mit der täglichen Arbeit als Frau Julias Botengänger an. Zuerst ging er zur Bäckerei, um Brot und Brötchen für den Tag zu holen. Manchmal sah er dort Wolfgang, eine große weiße Schürze umgebunden, auf dem Kopf eine Bäckerhaube, das dunkle Haar und die Augenbrauen mit Mehl bestäubt. Günther begrüßte ihn mit dem guten alten Gruß, der mehr sagt als nur »guten Tag«, denn er bedeutet ja: »Ich grüße dich in Gottes Namen.«

»Grüß Gott, Wolfgang!«

»Grüß Gott, Günther! Wie steht's?«

»Könnte gar nicht besser sein!«

Dann ging es ins Lebensmittelgeschäft, um das Nötige für heute zu besorgen. Frau Julia hatte alles auf eine Einkaufsliste geschrieben. Dann mit ihren Briefen – sie schrieb sehr viele – zur Post. Vielleicht auch in die Buchhandlung, um ein Buch abzuholen. Unzählige Male zum Haus Alt-Ebenezer. Viele Betheler Frauen webten dort Stoffe nach den kräftigen, leuchtenden, wunderbaren bunten Mustern, die Frau Julia selbst entworfen hatte – denn zu seiner Überraschung erfuhr Günther, dass diese erstaunliche Frau auch eine Künstlerin war. Dann waren Nachrichten zum Diakonissen-Mutterhaus Sarepta zu bringen, Botengänge durch ganz Bethel zu machen. Von einem Tag zum anderen konnte man nie wissen, was, wann, wohin; denn Frau Julia war Pastor Fritz eine gute Gefährtin. Die beiden wussten: An dem Tag, an dem Bethel zu einer bloßen gut funktionierenden Organisation würde, verlöre es seine Seele. Für sie war kein

Mensch je eine statistische Nummer. Wenn Pastor Fritz oder Frau Julia zu einem Besucher sagten: »Wir haben hier in Bethel zweitausend Anfallskranke«, dann hatten sie nicht die Zahl im Sinn, sondern zweitausend Menschen im Herzen: Leni, Willi, Manfred, Minna, Klaus und wie sie alle hießen. Und keine der dauernd auftauchenden Schwierigkeiten lösten sie routinemäßig. Sie wussten auch: Wenn sie das jemals täten, würden sie nicht mehr zu der inneren Einsamkeit des Menschen in seiner Not vordringen können. Und sie wussten: Was für Nöte ein Mensch auch haben mochte, die quälendste Not war eine ganz tiefe Einsamkeit.

»Ich werde, glaube ich, manchmal kritisiert, dass ich zu spontan bin«, sagte Frau Julia eines Tages zu Günther, als sie ihn losschickte, einem Landstreicher Essen zu bringen. Der Landstreicher war gekommen und hatte um Arbeit gebeten, da hatte sie ihm eine Forke in die Hand gedrückt, er sollte Kartoffeln für das Abendessen ausbuddeln. »Aber wenn die Liebe aufhört, spontan zu sein, Günther, dann stirbt sie nach und nach ab.«

Frau Julia steckte zwei blanke Äpfel in den Korb. »Einer für dich und einer für ihn.« Fröhlich lachend fasste sie nach ihren ungebärdigen Haaren, um sie wieder festzustecken. »Wahrscheinlich kritisiert man mich auch, weil ich nicht mehr auf mein Aussehen achte. Eine sehr korrekte Professorenfrau hier in Bethel hat einmal zu mir gesagt: ›Aber Frau von Bodelschwingh, wissen Sie, dass Sie einen grauen und einen blauen Strumpf anhaben?‹ Und tatsächlich, so war es auch! Da habe ich einfach gesagt: ›Ja, und zu Hause habe ich noch so ein Paar!‹ Du hättest bloß mal ihr Gesicht sehen sollen, Günther! Sie sah aus, als hätte sie einen lebendigen Goldfisch verschluckt!«

Eine Paradoxie bezeichnet eine Wahrheit, obwohl sie scheinbar einen Widerspruch enthält. Als Günther in den dreißiger Jahren Frau Julias Botengänger war, wurde ihm klar, was für eine Paradoxie Haus Burg war. »Herein, ohne anzuklopfen«,

112

stand an der Tür des Arbeitszimmers von Pastor Fritz, und das galt für den ganzen großen, geräumigen Steinbau, der sich da an den Berg anlehnte. Wenn Haus Burg eine Festung war, dann war es jedenfalls die am leichtesten zugängliche Festung der Welt. Aber obschon es sozusagen nicht durch ein Dach vor dem Himmel verschlossen war und auch nicht durch Türen vor den Menschen – es war doch zugleich eine mächtige Festung, ein jederzeit sicheres Bollwerk gegen den ältesten Feind des Menschen.

Es gibt schöne und hässliche Paradoxien. Ein großer dänischer Denker hat einmal gesagt, das Christentum sei die schönste Paradoxie, weil es den Einbruch der Ewigkeit in die Zeit verkünde. Haus Burg in Bethel war eine schöne Paradoxie, nicht nur weil es eine Festung und doch keine Festung war, sondern auch weil hier in diesem Haus ein Mann und eine Frau auf Gott sahen und in der widerwärtigsten Zeit an einer ewigen Wahrheit festhielten.

Zuerst schien die Widerwärtigkeit mehr ein wirtschaftlicher Zusammenbruch zu sein, nur war es diesmal ein ungeheuer großer Zusammenbruch. Er traf nicht nur Deutschland, er traf die ganze Welt. Im Jahre 1929 stürzte die gesamte Wirtschaft der Welt zusammen. In den Geschichtsbüchern steht dafür das Wort »Weltwirtschaftskrise«, aber dieser Ausdruck gibt durchaus keine Vorstellung von der Bestürzung, der Armut, von den Millionen Arbeitslosen, den Millionen Müttern, die nicht wussten, wie sie am nächsten Tag ihre Kinder satt machen sollten, von den Abermillionen blasser, ausgemergelter Kinder.

Das große Heer der Arbeitslosen – die Bettler und Landstreicher – strömte wieder nach Bethel. Manchmal waren es bis zu achtzig an einem Tag. Viele wurden nach Eckardtsheim, dem »Bethel jenseits des Berges«, weitergeschickt. Vater Bodelschwingh hatte Eckardtsheim vor hundert Jahren gegründet, um dort für die Arbeitslosen nach einem früheren Krieg zu sorgen, einem Krieg, dem auch ein scheinbarer Aufstieg und ein riesiger Zusammenbruch gefolgt waren. Hier konnten die »Ritter von der Landstraße«, wie Vater Bodelschwingh sie nannte, wieder essen, schlafen und arbeiten. Hier konnten sie in hellen, sauberen Häusern bei fröhlichen, liebevollen Hauseltern wohnen.

Manche Landstreicher oder Bettler stiegen nicht die Treppe zur vorderen Haustür und der Betheler Verwaltung hinauf, sondern sie verirrten sich auf eine andere Treppe oder kamen zufällig an die hintere Tür und in die nicht eben sehr private Wohnung der Bodelschwinghs. Frau Julia, anstatt sie wieder ins Büro hinunterzuschicken, damit die Aufnahmeformalitäten erledigt und die Leute nach Eckardtsheim überwiesen würden – Frau Julia sammelte sie um sich wie eine Henne ihre Küken.

»Günther, hol bitte noch mehr Brot vom Bäcker!«

»Günther, bitte zeige diesem jungen Mann hier, wo er abwaschen helfen kann, dann geh in die Küche und sag Berta, sie möchte Tee und belegte Brote für ihn zurechtmachen.«

Wenn diese Männer arbeitswillig waren, ließ Frau Julia sie mit an den steinernen Stützmauern für den Zionsberg bauen. Günther brachte ihnen vormittags ihr Frühstück aus der Bodelschwinghschen Küche. Und dabei erfuhr er, wie garstig diese Weltwirtschaftskrise war.

Dadurch, dass Günther in Haus Heilgarten wohnte, bis es im Jahre 1932 geschlossen wurde, und dass er täglich in Haus Burg ein und aus ging, sah er auch wie von einem hohen Turm herunter, welche politischen Konflikte durch eine widerwärtige Politik in Deutschland entstanden. In Heilgarten hörte er, was die unzufriedenen Kriegsversehrten des Ersten Weltkrieges sagten. Wenn Frau Julia ihn mit dem Frühstück zu den Männern schickte, die am Zionsberg arbeiteten, hörte er, was die unzufriedenen Arbeitslosen sagten. Es blieb auch nicht aus, dass er im Hause Bodelschwingh Brocken der Gespräche zwischen Regierungsleuten und Männern der Kirche aufschnappte.

»Was tut sich eigentlich jetzt in Deutschland?«, fragte Klaus einmal Günther nach einem CVJM-Abend – es war 1932. Klaus lernte jetzt, Rundfunkgeräte zu reparieren, so war er bei den

Nachrichtensendungen und politischen Reden fast immer in Hörweite. »Heute habe ich einen Mann gehört, Hitler hieß er, der hat so gebrüllt, dass ich fast dachte, die Rundfunkröhren würden platzen. Hast du den auch gehört, Günther?«

»Das wäre ja noch schöner«, sagte Günther. »Frau Julia steht nie so lange still, dass sie Zeit hätte, auf das Radio zu hören. Was hat er denn gesagt?«

Klaus rief mit harter, ohrenbetäubender Stimme, den Redner nachahmend: »In den Straßen unseres Volkes herrscht Aufruhr! Die Universitäten sind voll rebellierender und tobender Studenten! Kommunisten versuchen, unser Land ins Verderben zu reißen. Wir brauchen Gesetz und Ordnung in unserem Land! Jawohl, ohne Gesetz und Ordnung kann unser Volk nicht bestehen bleiben!«

Ich schätze, dieser Hitler ist ein Nationalsozialist. Aber wer hat nun Recht, Günther, die Kommunisten oder die Nationalsozialisten?«

»Das weiß ich auch nicht so recht«, gestand Günther. »Einmal erzählen mir ein paar Männer, die Kommunisten wären Gangster, Strolche und Halsabschneider, dann wieder sagen mir andere Männer, die Nationalsozialisten wären Gangster, Strolche und Halsabschneider. Wem soll ich denn nun glauben? Ob ich mal Frau Julia frage? Sie sagt mir immer alles, was ich wissen möchte.«

Am nächsten Tag fragte Günther Frau Julia. »Wenn ich das nur wüsste!«, antwortete sie. Ihr rundliches, sonst so heiteres Gesicht wurde mit einem Mal sorgenvoll und traurig. »Beide Parteien machen sich die Ängste, den Hass und das Enttäuschtsein der Leute zunutze. Die Kommunisten sammeln die ganz Armen um sich, die nie etwas besessen haben. Sie wollen eine revolutionäre Gesellschaft und eine neue Weltordnung. Die Nationalsozialisten ziehen den unteren Mittelstand an, der nach dem Weltkrieg alles verloren hat. Sie wollen das Verlorene wiederbekommen, und sie wollen Ruhe, Ordnung und Sicherheit, damit sie es genießen können.«

»Ich finde, das klingt beides ganz vernünftig«, meinte Günther.

»Günther, hüte dich vor grausamen und unbarmherzigen Menschen mit hohen Idealen«, sagte jemand hinter ihnen mit ruhiger Stimme. Pastor Fritz war ins Zimmer gekommen, und sie hatten es nicht gemerkt. »Ja, ich würde sogar so weit gehen und sagen, dass wir uns vor freundlichen, kultivierten Menschen mit hohen Idealen hüten müssen – wenn sie bei aller Freundlichkeit und Kultiviertheit nicht auf Gott und seinen Sohn Jesus Christus vertrauen wollen, wenn sie nicht seine Liebe im Herzen haben.«

Am 30. Januar 1933 bekam Günther die Grippe. Der Arzt wurde nach Hebron geholt, wo Günther jetzt wohnte, und erzählte ihm: »Gerade haben sie im Radio angesagt, dass Adolf Hitler, der Führer der nationalsozialistischen Partei, zum deutschen Reichskanzler ernannt worden ist.«

Vier Wochen später kam Klaus nach Hebron gelaufen und berichtete Günther, die Kommunisten hätten das Reichstagsgebäude niedergebrannt. In Wirklichkeit hatten die Nationalsozialisten es angesteckt und den Kommunisten die Schuld zugeschoben. Der deutsche Reichstag, wütend über diese angebliche Tat der Kommunisten, gab kurz darauf Hitler die absolute Vollmacht und machte ihn zum Diktator über das deutsche Volk. Von jetzt an hieß Hitler »der Führer«. Die kommunistische Partei wurde verboten, und die Nationalsozialisten waren nun die allmächtige, die »Nazipartei«. Ihre Mitglieder grüßten sich mit erhobenem Arm und den Worten »Heil Hitler«. Ihre Fahne zeigte das Hakenkreuz-Symbol. Männer in den Braunhemden der »SA«, der »Sturm-Abteilung«, erschienen auf den Straßen und verhafteten alle »gefährlichen Elemente«, das heißt alle, die den Nazis im Weg standen. Die »Schutzstaffel«, SS-Männer in schwarzer Uniform und blanken schwarzen Schaftstiefeln, war Hitlers persönliche Kampftruppe. Sie sollte seine Diktatur mit

Gewalt durchsetzen und jedem, der sich gegen Hitler stellte, Angst einjagen. Binnen eines Jahres wurde aus der deutschen Republik eine militärische Diktatur.

Eines Morgens, als Günther in die Bäckerei kam und wie immer »Grüß Gott« zu Wolfgang sagte, antwortete Wolfgang bissig mit einem steifen Salut:

»Heil Hitler!«

Günther sah ihn gelassen an. »Grüß Gott, Wolfgang«, sagte er noch einmal.

»Heil Hitler!«

»Grüß Gott!«, wiederholte Günther beharrlich.

»Heil Hitler!«

»Günther hat Recht«, sagte die alte Berta, während sie Frau Julias Brötchen in den Korb abzählte. »Hab es man nicht so eilig, Nazi zu werden, Wolfgang. Für uns Anfallskranke, Krüppel und Geistesschwache hat die Partei nichts übrig.«

»Du lügst!«, rief Wolfgang.

»Abwarten und Tee trinken!«, sagte Berta.

Die politische Widerwärtigkeit lag nicht so klar zutage wie die wirtschaftliche. Für Günther, der in Haus Burg ein und aus ging und Bruchstücke beunruhigender Gespräche zu hören bekam, war sie so klar wie nur etwas. Für Klaus, der ganz andere Gespräche hörte und bei seiner Arbeit keine Rundfunkrede Hitlers versäumte, bot sich ein politisches Bild, das scheinbar von Tag zu Tag schöner wurde. Aber Klaus, im Unterschied zu Wolfgang, war gescheit, mit ihm konnte man diskutieren.

»Wenn du nicht glauben willst, was ich über Deutschland sage, dann sieh dich doch bloß mal hier in Bethel um«, meinte Klaus. »Hier ist auch alles viel besser geworden. Sind hier etwa noch so viele Bettler und Landstreicher wie früher? Ich habe gehört, dass jetzt nur noch alte Männer in Eckardtsheim leben.«

»Sicher, aber warum? Weil die jungen Männer in Zwangsarbeitslagern stecken oder als Soldaten gedrillt werden. Pastor Fritz fürchtet, dass sogar unsere jungen Diakone zum Militärdienst müssen, und wer soll dann für all die Patienten in Bethel sorgen?«

»Hitler gibt uns Deutschen unseren Nationalstolz wieder«, sagte Klaus. »Seit wir den letzten Krieg verloren haben, standen wir ziemlich tief unten auf der Leiter.«

»Natürlich, natürlich, wir sind die Größten! Wir sind die überlegene Herrenrasse! Aber wenn jemand überlegen ist, dann muss ja jemand anders unterlegen sein. Und wer ist nach Hitlers Ansicht unterlegen? Sag mir das mal, Klaus!«

»Ich glaube, die Juden«, antwortete Klaus kleinlaut.

»Und was meinst du denn, wie wir beide, du und ich, in diese Rasse von Supermenschen passen? Siehst du nicht schon den Epileptiker Klaus und den Krüppel Günther geradewegs zu Hitler hinmarschieren, der da von seinen großen, breitschultrigen SS-Supermännern in ihren Schwarzhemden umgeben ist – du würdest marschieren, ich würde natürlich watscheln –, und hörst du uns nicht schon sagen: ›Hier sind wir, unser Führer! Der Epileptiker Klaus und der Krüppel Günther! Wir melden uns zum Einsatz!‹«

»Ach hör doch auf!«, sagte Klaus.

Er wusste auch nichts zu erwidern, als Günther ihm Beweise anführte, dass Hitler und seine Nazipartei der Kirche Jesu Christi in den Rücken fielen. Zuerst waren es nur kleine Angriffe – und doch auch wieder nicht so klein. Dass sie Pastor Fritz, der eben zum Bischof gewählt worden war, aus diesem Amt drängten und statt seiner einen Parteigenossen einsetzten, das war schon ein ernst zu nehmender Schritt und ein Angriff auf die Kirche.

»Aber andererseits bin ich froh darüber«, sagte Günther. »Es war schrecklich im Juni, als Pastor Fritz fort war! Und jedenfalls ist er der heimliche Bischof für alle, die Jesus Christus und nicht Hitler ihren Herrn nennen. Übrigens hat Pastor Fritz in Bethel eine Menge neuer Schwierigkeiten. Weißt du, dass die Nazis Bethel und den anderen kirchlichen Einrichtungen nicht erlauben, die Bevölkerung um Hilfe zu bitten? Erinnerst du dich noch, wie die Konfirmanden in den Gemeinden rings um Bethel immer Ostereier für alle Patienten hier gesammelt haben? Na, und dieses Jahr durften sie die Leute nicht um Eier bitten. Aber eine Konfirmandengruppe hat einfach ein großes Nest vor dem Altar aufgebaut, und irgendwie sind da zweitausend Ostereier hineingeraten.«

Günther sammelte in Haus Burg weiter Beweise für seine ständigen Diskussionen mit Klaus, und Klaus berichtete weiter über Hitlers Reden. Aber auch Klaus sah allmählich, wie verlogen das Ganze war, besonders als 1935 die Nürnberger Gesetze gegen die Juden herauskamen.

»In der Rundfunkwerkstatt arbeitet ein Jude neben mir«, sagte Klaus verärgert, »und der ist gerade so gut wie du oder ich.«

Als Klaus und Günther am Palmsonntag 1939, dem zehnten Jahrestag ihrer eigenen Konfirmation, zum Konfirmationsgottesdienst in die Zionskirche gingen, sahen sie, dass die Kirchentür mit Hakenkreuzen beschmiert war und mit einem Kruzifix, an dem Christus mit dem Kopf nach unten hing. Fünf Minuten später bekam Klaus einen der schlimmsten Anfälle, die Günther jemals bei ihm gesehen hatte. Als er im Krankenzimmer hinter der Kirche allmählich wieder zu Bewusstsein kam, saßen Günther und eine Diakonisse bei ihm.

»O Haupt voll Blut und Wunden, voll Schmerz und voller Hohn«, sang die Gemeinde.

»Ich hasse sie! Ich hasse sie!«, stöhnte Klaus.

»Nein, Klaus, nicht doch«, flüsterte Günther ihm zu, »der Hass ist ihre Waffe, nicht unsere.«

Aber dass die Masse des deutschen Volkes durch den dämonischen Aufruhr in den Gemütern der Führenden einer politischen Erschütterung von dämonischer Gewalt entgegenging und dass diese Erschütterung mit dem Angriff auf Polen in wenigen Monaten beginnen würde – das wusste Günther nicht. Nur selten bekam er flüchtige Einblicke in das drohende Dunkel, und sie wurden sogleich wieder ausgelöscht durch seine tägliche Freude darüber, dass er Frau Julias Botengänger war und seinem geliebten Pastor Fritz nahe sein durfte. Und noch etwas geschah in den dreißiger Jahren, das fast so bedeutend war wie damals sein Laufenlernen: Eines Morgens, als er wieder vor dem Fenster von Pastor Fritz sein Lied gesungen hatte, meldete er sich bei Frau Julia zur Arbeit und traf sie in ungewöhnlich gehobener Stimmung an.

»Ach, da bist du ja! Ich habe schon so auf dich gewartet. Rate mal, was mir eingefallen ist, Günther! Du wirst schreiben lernen. Auf diese Idee bin ich heute früh gekommen, als ich im Abstellraum die alte Schreibmaschine von Vater Bodelschwingh gesehen habe. Mit deinen steifen Fingern kannst du zwar keinen Federhalter oder Bleistift halten, aber du kannst damit auf die Tasten schlagen. Das geht bestimmt. Also habe ich die Schreibmaschine herausgeholt, in das kleine Nebenzimmer gebracht und ein neues Farbband eingespannt. Da wartet sie jetzt auf dich. Wenn du lernst, damit zu schreiben, Günther, werden wir sie dir schenken.«

Und ob er es lernte – so schnell, dass er schon nach wenigen Monaten Frau Julias Briefe tippte! Und er war so sicher im Wortgebrauch, dass er sich sogar zu raten traute, was sie wohl meinte, wenn er ihre rasch hingeworfene Schrift nicht entziffern und Frau Julia auch nicht fragen konnte, weil sie gerade nicht da war.

Nach Worten zu fischen, das wurde nun Günthers besonderer Sport. Bisher waren ihm die Worte so rasch wie leuchtende tropische Fische in den Sinn gekommen – und ebenso rasch wieder aus dem Sinn. Jetzt, da er die Schreibmaschine hatte, konnte er sie in einem Netz einfangen und auf einem Blatt Papier festhalten. Jetzt konnte er das Netz in sein Herz eintauchen, Worte der Liebe und des Lobpreises herausholen und sie scheu denen darbieten, die durch ihre Liebe seinem Herzen solche Worte eingegeben hatten. Günther wurde zum Dichter.

Günthers erstes Wort-Geschenk war begreiflicherweise eine

Gabe für Frau Julia und Pastor Fritz. Der Anlass war ihre Silberhochzeit am 30. April 1936. Sie feierten diesen Tag in Freistatt am Wietingsmoor bei Hannover. Dort hatte Vater Bodelschwingh noch eine Siedlung für seine Ritter von der Landstraße und für junge Männer eingerichtet, die in Not waren und einen Berater brauchten. Es war bezeichnend für Fritz und Julia Bodelschwingh, dass sie bei dieser Gelegenheit – wie auch später – ihr Fest zusammen mit denen begingen, die selbst so wenig Grund zum Feste feiern hatten.

Aber der nächste Tag, der erste Mai, gehörte dann Bethel. Sechs kleine »Engelchen« in weißen Kleidern und Blumenkränzen führten das Silberhochzeitspaar zum Gottesdienstplatz im Wald. Alle Männer, Frauen und Kinder, die nicht bettlägerig waren, hatten sich dort versammelt. Wer das Bett hüten musste, hörte alles über Lautsprecher, dank Klaus und seinen Arbeitskameraden. Pastor Kuhlo spielte mit dem Posaunenchor. Die Chöre sangen. Auch das Mundharmonika-Orchester war dabei. Es wurden Ansprachen gehalten und Geschenke überreicht. Die Männer, denen Frau Julia im Anfang der dreißiger Jahre geholfen hatte, als sie arbeitslos waren, überreichten ihr einen Korb Obst und verlasen ein langes Gedicht voller Dank für ihre mütterliche Liebe. Frau Julia war zu Tränen gerührt.

Günther las sein Gedicht nicht öffentlich vor. Als die beiden Jubilare in der Abenddämmerung müde nach Haus Burg zurückkamen, übergab er es ihnen schüchtern am Gartentor. Sobald sie in ihrem Schlafzimmer allein waren, las Frau Julia es vor. Es war ein wohlgesetztes kleines Gedicht, und dass es sehr an die Texte der Gesangbuchlieder erinnerte, das war ja nicht anders zu erwarten. Günther war so von diesen Liedern erfüllt.

> Der Herr hat dich geleitet
> dein Leben lang bis heut.
> Er hat mit dir geteilet
> stets Leiden wie auch Freud!

Dafür willst du heut danken
an deinem Meilenstein,
weil Gott half ohne Wanken
mit seinem Nahesein!

So wird er ferner handeln
in seinem heilgen Tun!
Mit ihm ist frohes Wandeln,
in ihm ist sicher ruhn!

So wandre deine Wege
mit diesem treuen Herrn;
denn er kennt alle Stege,
er ist dir nimmer fern!

Pastor Fritz fuhr sich mit dem Handrücken über die Augen. »Ich wünschte, die ›Gesunden‹ in der Welt da draußen könnten wenigstens etwas von Günther lernen«, seufzte er.

Am 1. September 1939 wurde der Angriff unternommen, mit dem der Zweite Weltkrieg offiziell begann. In einem neuartigen »Blitzkrieg« – wie die Nazis es nannten – drangen mächtige Streitkräfte in Polen ein, unterstützt durch Bombenabwürfe aus Flugzeugen. Die Ereignisse dieses Tages sollten Millionen Menschen auf der ganzen Welt in Mitleidenschaft ziehen. Was Günther betraf, so verspürte er die Wirkungen fast augenblicklich – und äußerst schmerzlich. Es wurde sogleich angeordnet, dass Bethel Betten und Krankenpflege für Verwundete von der Ostfront bereitzustellen habe.

Haus Hebron war eines der Häuser, die in Militärlazarette umgewandelt wurden. Günther gehörte mit zu denen, die in die Kolonie Eckardtsheim jenseits des Berges evakuiert wurden. Dort war jetzt Platz, weil es weniger Landstreicher gab. Wohl herrschte der gleiche liebevolle Geist wie im eigentlichen Bethel, schließlich war es ja als Außenstation ein Teil von Bethel. Aber doch war das lange, lange Jahr, bis Günther ein Zimmer in

122

Haus Gaza bekam und wieder Botengänger für die Bodel-schwinghs sein konnte, für ihn ein sehr trübseliges Jahr.

In gewisser Weise war es indessen ein Glück für Günther, dass er ein Jahr lang von Haus Burg beurlaubt war; dadurch wurde ihm die Qual erspart, mit ansehen zu müssen, wie sein geliebter Pastor Fritz in einen anderen Krieg verwickelt wurde. Seltsam genug begann dieser Krieg offiziell – obschon heimlich – am gleichen Tag wie der Zweite Weltkrieg, am 1. September 1939. Das Datum wurde später in einer Notiz unter Hitlers persönlichen Aufzeichnungen gefunden. Diese Notiz enthielt die einfache Feststellung, Reichsleiter Philipp Bouhler und Dr. Karl Brandt seien »unter Verantwortung beauftragt, die Befugnisse namentlich zu bestimmender Ärzte so zu erweitern, dass nach menschlichem Ermessen unheilbar Kranken bei kritischster Beurteilung ihres Krankheitszustandes der Gnadentod gewährt werden kann«.

Eine schlichte kleine Notiz – aber sie war eine heimliche Kriegserklärung. Wer nun wirklich zu den Opfern der »Aktion Gnadentod« gehören sollte, das wurde durch harmlose grüne Fragebogen angedeutet, die im Oktober an viele Heilanstalten und Privatkliniken verschickt wurden. Die Fragebogen sollten bis zum 1. Dezember ausgefüllt werden. Die Namen aller Patienten, die keine produktive Arbeit leisten konnten, die geisteskrank, unzurechnungsfähig oder altersschwach waren, die anfallskrank, gelähmt oder geistig zurückgeblieben waren, die seit mindestens fünf Jahren in einer Heilanstalt lebten oder die nicht »arischer Abstammung« waren – die Namen all dieser Patienten sollten aufgeführt werden. Im Rahmen einer »planwirtschaftlichen Erfassung der Heil- und Pflegeanstalten« sollten solche Patienten »später in andere Anstalten verlegt werden«.

Es war also ein Krieg gegen die geistig Behinderten und Zurückgebliebenen, gegen die Unzurechnungsfähigen, die Anfällskranken, die Körperbehinderten, die alten Menschen und gegen jeden, der länger als fünf Jahre in einer Anstalt gelebt hatte. Die Nazi-Supermänner, die körperlich Leistungsfähigsten, hatten den Schwächsten den Krieg erklärt, denen, die ihrer Auffassung nach nicht für das Leben taugten. Und Günther würde sicher eins ihrer Opfer sein. Denn er war körperbehindert, konnte keine produktive Arbeit leisten und lebte seit achtzehn Jahren in einer Anstalt.

Bethel war nicht unter den ersten Einrichtungen, die diese harmlosen grünen Fragebogen bekamen. Aber Anstalten ähnlicher Art bekamen sie – und dort wurden sie ausgefüllt. Warum auch nicht? Es klang so vernünftig – »im Hinblick auf die Notwendigkeit planwirtschaftlicher Erfassung« . . . »später in andere Anstalten verlegt werden«. Doch als der Leiter einer ähnlichen Anstalt wie Bethel, Pastor Paul Braune, bald darauf in den Zeitungen die sich häufenden Todesanzeigen solcher verlegten Patienten las, tauchte ein Verdacht in ihm auf, und er wurde zum Detektiv. In aller Stille sammelte er Todesanzeigen aus den Zeitungen ganz Deutschlands und stellte fest: Die Patienten, die »im Hinblick auf die Notwendigkeit planwirtschaftlicher Erfassung . . . in andere Anstalten verlegt« werden sollten, wurden an Orte transportiert, wo man sie tötete! In der Zeit vom 10. April bis zum 12. Mai 1940 hatte man an einem dieser Orte 594 solcher Patienten umgebracht. Die Angehörigen allerdings glaubten der Mitteilung, ihre Verwandten seien plötzlich an Lungenentzündung, Angina oder einer anderen rasch wirkenden heftigen Erkrankung gestorben, und man habe auf polizeiliche Anordnung hin die Einäscherung sofort vornehmen müssen. Die meisten baten voller Trauer um Übersendung der Urne und hatten nicht den leisesten Verdacht.

Mitte Mai sollten auch 25 geistig behinderte Mädchen aus der von Pastor Braune geleiteten Anstalt »verlegt« werden.

So fuhr Pastor Braune nach Bethel, um mit Pastor Fritz Bodelschwingh zu sprechen. Die beiden Männer saßen im Arbeitszimmer hinter verschlossener Tür.

Als Frau Julia dann hörte, dass Pastor Braune wieder fort war, und Pastor Fritz nicht aus seinem Zimmer herauskam, fing sie an, sich Gedanken zu machen. Sie stieg die Treppe hinauf und ging zu ihm ins Arbeitszimmer. Da saß er noch in dem schwarzen Ledersessel von Vater Bodelschwingh, den Kopf auf die Brust herabgesunken – ganz so, wie Pastor Braune ihn verlassen hatte.

»Fritz! Mein lieber Fritz! Ist etwas nicht in Ordnung?«, rief Frau Julia und ging rasch auf ihn zu.

»Julia«, sagte er, und seine Stimme klang so matt und erstorben, dass sie einen tieferen Schauer empfand, als wenn er in heftigem Schmerz geweint hätte, »Julia, was sind wir Menschen: Sind wir eigentlich menschliche Geschöpfe – oder sind wir wilde Tiere?«

Das unvergängliche Königreich

So tobten nun also zwei Kriege zur gleichen Zeit. In dem einen Krieg überrollten gewaltige Nazi-Panzer ein Land nach dem anderen – Polen, Dänemark, Norwegen, Luxemburg, die Niederlande, Belgien und Frankreich. Deutsche Bomber stiegen auf und ließen im Sturzflug ihre Bomben fallen, die mit grellen, dunkelgelben Feuergarben explodierten. Ganze Gebäude flogen wie durch vulkanische Gewalt in die Luft. Dann wirbelte der schmutziggraue oder schwarze Trümmerstaub auf. Feuersäulen sprangen gegen den Nachthimmel empor. Die große, grausame Kriegsmaschinerie der Nazis war so gut vorbereitet und ausgerüstet, dass all die Nachbarländer ihr eine leichte Beute waren. Alle – außer England. England war durch einen schmalen Meeresstreifen vor den riesigen Panzern geschützt. So wurde es von der Luft aus dafür bestraft, dass es keine leichte Beute war.

Doch die englischen Bomber schlugen zurück. Bethel, unweit der großen Industriestadt Bielefeld und noch dazu zwischen einer wichtigen Eisenbahnlinie und einer Autobahn gelegen, bekam einige Bomben ab, die ihr eigentliches Ziel verfehlten. Die ersten Bomben fielen am 18. September 1940 auf Bethel. Dabei kamen eine Pflegerin und zwölf Patientinnen in Klein-Bethel, einem Haus für anfallskranke Mädchen, ums Leben.

Am Sonntag darauf predigte Pastor Fritz in der Zionskirche über »das unvergängliche Königreich Gottes«: »Wenn wir unter seiner Herrschaft und in seiner Liebe bleiben, dann müssen uns alle Dinge zum Besten dienen. Dann wird selbst aus dem tiefsten Kummer göttliche Freude erwachsen. Dann sind wir Pilger, die Hand in Hand dem gleichen Ziel entgegenwandern. Denn Gott ist getreu, er ruft uns in die Gemeinschaft mit seinem Sohn Jesus Christus, unserem Herrn.«

Etwa 24 Kilometer entfernt, jenseits der niedrigen Bergkette, horchte Günther in Eckardtsheim am Lautsprecher auf jedes

Wort dieser großen Predigt. Wolfgang saß im gleichen Raum. Ihn hatte man als Helfer auf einem der Bauernhöfe eingesetzt, die jetzt im Krieg viel mehr Nahrungsmittel als sonst erzeugen mussten.

»Liebe, Liebe! Immer dieses sentimentale Gewäsch von der Liebe! Warum sagt er kein Wort über unsere englischen Mörder? Oder über unseren großen Führer?«, knurrte Wolfgang.

»Das hat er ja«, sagte Günther ruhig.

»Was hat er?«

»Über unseren großen Führer geredet.«

»Davon habe ich nichts gehört!«

»Hast du nicht gehört, was er von Jesus Christus, unserem Herrn, gesagt hat?«

Dass aber noch ein anderer Krieg tobte, davon sprach Pastor Fritz in der Betheler Gemeinde mit keinem Wort. Der Schrecken aus der Luft war schon zu viel für sie. Diesen neuen, furchtbaren Schrecken konnte er ihnen nicht auch noch zumuten. Aber seit jenem Maitag, an dem Pastor Braune ihm den Beweis vorgelegt hatte, dass ein Krieg gegen die unheilbar Kranken und Hilflosen im Gange war – seit jenem Tage hatten die beiden Männer bei jeder Regierungsstelle in Berlin vorgesprochen und versucht, diesem Krieg Einhalt zu gebieten. Manche Regierungsleute waren ehrlich erschüttert, denn sie wussten wahrhaftig nicht das Geringste davon.

»Da müssen Sie sich irren! Das ist so eins von den üblen Gerüchten, wie sie in Kriegszeiten aufkommen.«

»Wir haben Beweise«, sagten die beiden Pastoren und legten ihre Beweise vor.

Die führenden Parteileute taten so, als ob sie nichts davon wüssten. Selbst als sie die Beweise gesehen hatten, sagten sie: »Das ist gelogen, und für Leute, die Lügen verbreiten, gibt es die Gestapo«, das war die »Geheime Staatspolizei«. Und wirklich: Zum Zeichen, dass sie es ernst meinten, verhafteten sie im August Pastor Braune und hielten ihn bis zum Oktober gefangen.

Nichts von alldem erzählte Pastor Fritz seiner Betheler Gemeinde. Auch nicht, dass Bethel im Juni die grünen Fragebogen bekommen hatte, mit denen eine Liste der unheilbar Kranken verlangt wurde. In der kleinen Gebetszelle von Haus Burg kniete er nieder und bat Gott, ihn zu leiten, damit er nicht etwas Hitzköpfiges oder Tollkühnes unternähme, das den sicheren Tod über die ihm anvertrauten Menschen bringen würde. Zugleich betete er um Kraft und Mut, diesem Krieg gegen die Schwachen und Hilflosen Widerstand zu leisten und alle Verantwortung so auf seine Schultern zu nehmen, dass niemand von seinen Mitarbeitern durch die Partei beschuldigt und durch die Gestapo verhaftet werden könne. Er betete, Haus Burg, diese so schwache Festung, ja im neuerdings geführten Luftkrieg gar keine Festung mehr, möge für die Menschen, die von der Nazipartei als wertlose Geschöpfe betrachtet wurden, dennoch eine starke Festung sein.

»Oh, Christus Jesus«, betete er, »du hast die Niedrigsten und Geringsten geliebt, hilf mir, lenke mich, damit ihnen kein Leid geschieht. Lass mich klug sein wie die Schlange und ohne Falsch wie die Taube.«

Im Oktober konnte Günther endlich seinen Hausvater dazu überreden, dass er ihn wieder nach Bethel gehen ließ. Allerdings erst nach manchen Einwänden.

»Warum denn, Günther? Hier bist du sicherer. Es ist nicht anzunehmen, dass auf unsere Bauernhöfe Bomben fallen. Warum willst du ausgerechnet jetzt zurückgehen, wo immer mehr Patienten wegen der Luftangriffe aus Bethel nach hier evakuiert werden?«

»Ich will nicht sicher sein. Nicht wenn Pastor Fritz und Frau Julia, Pastor Wilm und Pastor Kuhlo, Klaus und all meine anderen Freunde in Bethel auch nicht sicher sind.«

Am Tage nach dem Einzug in sein neues Zimmer in Haus Gaza stellte Günther sich morgens an seinen gewohnten Platz im

128

Garten, unter dem Arbeitszimmer von Pastor Fritz, zitternd vor Erregung. Weder Pastor Fritz noch Frau Julia wussten, dass er wieder in Bethel war. Und Günther wusste auch nicht, ob Pastor Fritz zu Hause oder in wichtigen Angelegenheiten verreist war. Trotzdem beschloss er, eins der Paul-Gerhardt-Lieder zu singen, die Pastor Fritz so sehr liebte.

»Die güldne Sonne voll Freud und Wonne . . .« begann er, mit so schwacher und zitternder Stimme, dass ihn bei der ganzen ersten Strophe niemand hörte.

»Mein Auge schauet, was Gott gebauet . . .« Die zweite Strophe drang durch die geschlossenen Fenster und sie wurden sogleich aufgerissen. Zuerst erschien Pastor Fritz, im nächsten Augenblick auch Frau Julia.

»Günther! Günther! Du bist wieder da! Wie gut das ist, dich wieder zu hören! Du hast uns so sehr gefehlt! Komm herein, komm herein!«

Drinnen umarmten sie ihn, lachten und umarmten ihn von neuem.

»Benita!«, rief Frau Julia einer schönen, verwitweten jungen Künstlerin zu. Sie hatte am Bauhaus in Weimar bei Paul Klee studiert, bis Hitler dessen Kunst für entartete Kunst und jedenfalls keine deutsche Kunst erklärte. Seitdem wohnte Frau Benita Koch in Bethel bei Bodelschwinghs und schuf anregende farbige Muster für die Weberinnen. »Komm doch mal, Benita! Günther ist wieder da!«

»Wirst du wieder mein Botengänger sein?«, fragte Frau Julia.

»Und meiner auch?«, fragte Pastor Fritz.

»Etwas hat mir der Hausvater von Gaza zu tun aufgetragen«, sagte Günther, »ich soll mich um Willi und um Otto kümmern und sie in den Luftschutzkeller bringen, sobald die Sirenen heulen. Willi ist noch von Haus Patmos her mein Freund, er ist blind. Und Otto ist manchmal verwirrt, dann weiß er nicht, wohin er gehen soll. Aber das ist alles, was ich da zu tun habe, und ich wäre froh . . . sehr froh . . .«

129

Plötzlich musste Günther mit seinen sechsundzwanzig Jahren vor lauter Freude weinen und schluchzen wie ein Sechsjähriger.

Frau Julia und Pastor Fritz sagten Günther in den Tagen darauf nichts von den grünen Fragebogen. Die hätten, wenn sie ausgefüllt und nach Berlin zurückgesandt würden, mindestens tausend Bethel-Patienten – unter ihnen auch Günther – in den Tod geschickt. (Wie immer die Nazis es auch nennen mochten – »Euthanasie«, »Gnadentod«, »leichter Tod«, »schmerzlose Beseitigung lebensunwerten Lebens«, es war und blieb doch der Tod.) Und Günther war so glücklich, wieder in Bethel zu sein, dass er eine Zeit lang überhaupt nicht merkte, was für ein schrecklicher Kampf da um sein Leben und das seiner Kameraden ausgefochten wurde. Wohl war es leicht zu sehen, dass die Bethel-Patienten beunruhigt waren und mehr Anfälle hatten als sonst, aber er schob das auf die Luftschutzsirenen, die Nachrichtensendungen und die Briefe von daheim. Außerdem gab es ja auch hier in Bethel hässliche sichtbare Zeichen für den Krieg, nämlich die Trümmer des ausgebombten Hauses Klein-Bethel.

Schließlich stellte Günther an Willi die Frage: »Warum sind alle so unruhig?« Willi war zu einem ruhigen, freundlichen jungen Mann herangewachsen, der Fußmatten webte; er konnte immer nur sagen, *wie* etwas war, und nie, *warum* es so war.

»Sie haben alle Angst.«

»Warum haben sie alle Angst?«, fragte Günther dann Klaus, der jetzt mit in seinem Zimmer wohnte und ihm beim Essen half oder wo es sonst nötig war. Klaus wollte nichts sagen, bis sie einmal beide oben im Buchenwald allein waren.

»Der Krieg steht doch großartig für Deutschland, oder nicht? Wovor haben sie denn alle solche Angst?«

»Klar, der Krieg steht großartig – wenn du nur die deutschen Sender hörst. Aber ich bin schon manchmal hier oben gewesen und habe britische Sender gehört. Dadurch habe ich das von Dünkirchen erfahren, wie die Engländer dreihunderttausend

Mann retten konnten; und die Deutschen dachten, sie hätten die eingeschlossen. Aber es gehen Gerüchte um, die manchen hier in Bethel Angst eingejagt haben.«

»Gerüchte? Was für Gerüchte?«, fragte Günther.

Klaus sah sich verstohlen um, als ob er erwartete, hinter den Baumstämmen oder in den Zweigen hätten sich Spione versteckt. »Dass sie Leute wie uns aus den Krankenhäusern und Heimen rausholen und umbringen – und dass es hier in Bethel auch bald damit losgeht.«

»Umbringen!«, rief Günther aus. »Wer soll denn das sein, der sie umbringt?«

»Die Partei! Diese kräftigen und starken Supermänner sind darauf aus, uns dumme Schwächlinge aus dem Weg zu räumen. Wir haben ja Anfälle und können nicht mit dem Gewehr umgehen, wir können auch nicht in den Fabriken arbeiten, wo Gewehre hergestellt werden.«

»Solche Krüppel wie mich wollen sie wohl auch umbringen, wie?«

»Na klar! Die Partei hasst euch Krüppel genauso, wie sie uns mit unseren Anfällen hasst.«

»So etwas lässt Pastor Fritz nicht zu!«, sagte Günther hitzig.

»Was kann ein Einzelner schon gegen die alle ausrichten?«, erwiderte Klaus bitter.

Erst seit diesem Gespräch begann Günther die Besorgnis und innere Gespanntheit in Haus Burg zu spüren, erst jetzt begriff er, warum Pastor Fritz so oft nach Berlin reiste, warum er so viel Zeit auf den Knien in seinem kleinen Gebetsraum verbrachte. Wie konnte er, Günther, ihm denn nun sagen, dass er jetzt auch wusste, welche Gefahr Bethel drohte – und dass er wusste, was für einen Kampf Pastor Fritz ganz allein gegen die Mächte des Hasses auszufechten hatte? Er entschied sich für einen Versuch, ihm das durch eins seiner täglichen Lieder am Morgen zu sagen. Als Pastor Fritz bald darauf nach einer vergeblichen Bemühung, Hitler selbst zu sprechen, aus Berlin zurückkehrte, sang Günther am nächsten Morgen Martin Luthers gewaltiges Kampflied gegen die Mächte des Bösen:

> »Und wenn die Welt voll Teufel wär
> und wollt uns gar verschlingen,
> so fürchten wir uns nicht so sehr,
> es soll uns doch gelingen.«

Pastor Fritz öffnete das Fenster, stand und hörte das Lied ruhig bis zum Schluss an;

> »Nehmen sie den Leib,
> Gut, Ehr, Kind und Weib:
> lass fahren dahin,
> sie habens kein Gewinn,
> das Reich muss uns doch bleiben!«

Seine müden Augen leuchteten auf mit einem seltsam brennenden Blick. Es erinnerte Günther daran, wie er zum ersten Mal in diese Augen geschaut hatte, damals, als die Liebe, die aus diesen Augen sprach, in das Meer der Einsamkeit eingedrungen war, in dem Günther zu ertrinken drohte, und ihn herausgeholt hatte. Heute sagten seine Augen: »Ich weiß, Günther, dass du es weißt, aber wir dürfen nicht davon sprechen. Durch Reden würden Menschen, die wir lieben, noch mehr gefährdet, als sie es jetzt schon sind.« Seine Lippen sagten nur: »Günther – bete!«

Aber die Gerüchte hielten sich, denn inzwischen wussten auch viele bekümmerte Eltern und kirchliche Mitarbeiter, was Pastor Braune und Pastor Fritz wussten – dass unheilbar Kranke in Vernichtungslager geschickt wurden. Und jetzt verbreitete sich das Gerücht, Bethel habe die grünen Fragebogen bekommen. Weiter hieß es, zu allen Anstalten, deren Leiter sich weigerten, die Fragebogen auszufüllen, werde eine Ärztekommission kommen und die Krankenberichte beschlagnahmen. Diese Ärztekommission werde sicher auch Bethel aufsuchen.

»Ist meine Gertrud in Bethel sicher?«, schrieb eine Mutter in ihrer wahnsinnigen Angst.

Eines Tages begegnete ein anfallskranker alter Mann, dessen Kopf und Hände unaufhörlich zitterten, auf der Straße Pastor Fritz. »Werden Sie meinen Namen auch auf diese Todesliste setzen?«, fragte er.

Die Hauseltern, Diakonissen und Diakone hörten solche schrecklichen Gerüchte und Fragen natürlich immer wieder. Sie kamen zu Pastor Fritz und forderten fast aufgebracht, er solle einen stürmischen Protest gegen die Naziregierung erheben. Vielleicht etwas Ähnliches tun wie damals Luther. Vielleicht ausrufen: »Wenn ihr einen von diesen Menschen töten wollt, müsst ihr zuerst mich töten. Hier stehe ich, ich kann nicht anders!«

»Wenn diese Gerüchte wahr sind«, sagte einer zu ihm, »dann müssen Sie in der Zionskirche aufstehen und mit aller Macht ausrufen, dass wir diesen Mördern Trotz bieten.«

»Wenn ich in der Zionskirche aufstehe und mit aller Macht ausrufe, dass wir diesen Mördern Trotz bieten«, sagte Pastor Fritz ruhig, »dann wird sofort zweierlei geschehen. Erstens: Diese ganze Gemeinde, all die armen, leidenden Menschen werden dann von einer entsetzlichen Angst geschüttelt. Manche werden vielleicht geradezu vor Todesangst sterben. Zweitens: Die Gestapo wird mit Sicherheit hierher kommen, und wir werden sie alle verlieren. Ich bitte euch, liebe Freunde, glaubt mir! Offener Widerstand ist Selbstmord. Wir dürfen Hitler keinen Anlass geben, aus Bethel eine Stätte des Todes zu machen.«

Für die ganz Armen im Geiste, die nicht wussten, welche Gefahr Bethel und ihnen selbst drohte – für sie brachte der Advent 1940 die gleiche große Freude wie in früheren Jahren. Doch nicht für die anderen. Nicht für die anfallskranken Männer in Haus Gaza. Sie waren großenteils intelligent genug, die Gerüchtfetzen zusammenzufügen und das hässliche Bild zu erkennen, das sich daraus ergab. Klaus hörte ihnen wohl zu, aber seine

133

Bitterkeit sparte er für Günther auf, für die Zeiten, wenn sie ungestört in ihrem Zimmer beisammen waren.

»Sicher, die wissen es ganz gut. Sie wissen, was gespielt wird. Und sie wissen, dass es nicht mehr lange dauert, bis Bethel auch drankommt. Sie wissen, dass wir allesamt Ausschuss sind und dass die Nazis den ganzen Ausschuss loswerden wollen. Den Abfall, den Schund, die Taugenichtse wollen sie wegfegen. Die Herrenrasse dieser Erde wird zur reinsten, makellosesten Rasse der Welt werden. Was redest du so fromm von Advent, Günther! Bei den Nazis ist der christliche Advent überlebt. Jetzt haben wir den Nazi-Advent; das Kommen der Großen. Nicht Christus kommt, sondern die Supermenschen – angeführt von dem supersten aller Supermenschen, Adolf Hitler!«

»Ich kann nur eins sagen«, antwortete Günther, dem ganz elend zumute war bei dieser Bitterkeit, »ich bin froh, dass Kurt es nicht mehr erlebt hat.« Aber noch am gleichen Tag bat er Pastor Fritz, er möchte nach Haus Gaza kommen und einen Bibelabend zum Advent halten. »Dieses Jahr ist es hier nicht wie Advent.«

Am dritten Adventssonntag kamen Pastor Fritz und Frau Julia zum Abendessen nach Haus Gaza. Frau Julia hatte einen riesigen Korinthenkuchen mitgebracht voll getrockneter Johannisbeeren von ihrem eigenen Johannisbeerstrauch. Sie ging um den ganzen Tisch herum und gab jedem ein Stück. Dabei strahlte ihr mütterliches Gesicht vor natürlicher, kindlicher Liebe. Für sie galt nur das jetzt. Die Vergangenheit war vorbei, war klar, und alles Vergangene war vergeben. Die Zukunft lag in Gottes Hand. »Jetzt« – das war immer gerade hier in diesem Moment, das war dieser einzigartige Augenblick, da sie Gottes Liebe an andere weitergeben konnte. Und das tat sie mit Lust. Günther beobachtete sie voller Stolz, er spürte, dass in den Gemütern der Gaza-Männer wieder ein Schimmer von Freude aufkam. Wenn Frau Julia bei ihnen war, empfanden sie, dass es wirklich noch eine andere Welt geben müsse als unsere dunkle, leidvolle Erde. Aber das Wunderbare an Frau Julia war dies: Sie selbst, die ihre Kraft aus jener anderen Welt empfing, sie hatte gar nicht das Bewusstsein, als Verkünderin einer anderen Welt auf dieser Erde zu leben. Sie war einfach so, wie sie war!

Nach dem Abendessen las Pastor Fritz aus dem Lukas-Evangelium den Bericht von der Geburt Johannes des Täufers vor; anschließend sprach er aber mehr von Zacharias, dem Vater des Johannes, als von Johannes dem Täufer selbst.

»Gott zeigte Zacharias den Christus, der da kommen sollte, in einer Vorausschau. Ihr und ich, wir sehen ihn in der Rückschau und zugleich als den jetzt Gegenwärtigen. Sagt, was meint ihr: Entspricht das, was wir gegenwärtig sehen, der Vorausschau des Zacharias?«

Im Gesichtsausdruck der Männer kehrten die Schatten wieder, unruhig wandten sie die Augen von Pastor Fritz ab, von seinem durchdringenden Blick.

»Ist er ein Licht für uns, die wir heute hier in Bethel sitzen, in der Finsternis und im Schatten des Todes?« Pastor Fritz beugte sich zu ihnen hinüber, und es war fast so, als ob sie sich zurückbeugten, um ihm und seiner Frage auszuweichen.

»Ist das Licht erloschen? War alles nur ein schönes Märchen?«, fragte Pastor Fritz beharrlich, fast erbarmungslos. »Sollen wir hier in Bethel dieses Jahr kein Weihnachten feiern?«

»Nicht so reden, Pastor!«, rief Willi mit durchdringender Stimme.

»Willi, mein Freund, du, der mitten am hellen Tage in nächtlichem Dunkel sitzt«, sagte Pastor Fritz leise, »ist dieser Jesus Christus ein Horn des Heils, ein Licht in deiner Finsternis?«

»Jesus Christus, Gottes Sohn, das reine Licht der Liebe! Du weißt das, Pastor! Warum fragst du, wenn du es weißt?«, sagte Willi vorwurfsvoll.

Da sprang Klaus auf. »Weil wir's vergessen haben! Deshalb fragt er!« Er ließ seine Blicke rasch durch den Raum wandern. »Ich weiß nicht, wie das bei euch anderen ist; aber von mir selbst weiß ich es: Ich hatte vergessen, dass Jesus Christus Gottes Sohn ist, das reine Licht der Liebe. Ich hatte vergessen, dass er als hilfloses kleines Kind geboren wurde, dass er heranwuchs und der Niedrigste und Verachtetste unter den Menschen war. Dass er die Niedrigsten und Verachtetsten geliebt hat; nutzlose Leute ohne Bedeutung, wie wir es sind. Anfallskranke, wie ich einer bin; Krüppel wie Günther; Menschen, die blind waren, wie es Willi ist. Heute sagen manche, dass wir nicht einmal den Abfall wert sind, den die Schweine kriegen. Aber als Christus hier auf der Erde war, hat er Leute wie uns geliebt und uns damit gezeigt, dass Gott der Vater Leute wie uns liebt. Und weil er uns liebt, sollten wir einander auch lieben. Vielleicht sollten wir sogar unsere Feinde lieben – und damit meine ich nicht bloß die Engländer!«

Klaus wandte sich an Pastor Fritz: »Herr Pastor, ich bitte um Verzeihung, weil ich vergessen hatte, dass Jesus Christus heute hier in Deutschland, in Bethel, ebenso das Licht ist, das in der Finsternis scheint, wie er es in Galiläa war.«

»Klaus«, sagte Pastor Fritz demütig, »ich vergesse es selbst manchmal. Möge Gott uns allen verzeihen!«

In dieser Zeit wählte Günther die Lieder, die er morgens für Pastor Fritz singen wollte, besonders sorgfältig aus. Am Morgen des 6. Januar 1941 sang er das Epiphaniaslied:

> »Wie schön leuchtet der Morgenstern
> voll Gnad und Wahrheit von dem Herrn,
> die süße Wurzel Jesse!«

Als er dann ins Haus ging, um seinen Einkaufskorb und Frau Julias Liste zu holen, kam Pastor Fritz aus dem Arbeitszimmer herunter.

»Guten Morgen, Günther, du leuchtender Morgenstern! Würdest du bitte auf dem Weg zur Bäckerei für mich einen Brief bei der Post abgeben?«

Günther hatte für Pastor Fritz schon manchen wichtigen Brief zur Post gebracht. Aber dies war ein Brief an Reichsmarschall Göring, den Naziführer, der gleich nach Hitler kam. Dieser Brief war bestimmt eine neue Maßnahme in dem Kampf auf Leben und Tod, der um Bethel ausgefochten wurde, davon war Günther überzeugt. Ebenso sicher war er, dass Pastor Fritz sich heute in der Frühe nicht etwa gedacht hatte: »Ans Gewehr! Ans Gewehr! Auf und gegen den Feind!«, sondern: »Nieder! Nieder auf die Knie! Bete! Dieser Krieg ist nicht mit furchtbaren Mordwaffen oder furchtbaren Worten zu gewinnen, sondern nur mit der Leben spendenden Waffe des Gebets.«

Der Brief, den Pastor Fritz am 6. Januar geschrieben hatte, wurde erst am 29. Januar beantwortet, und nicht von Reichsmarschall Göring, sondern von einem seiner Untergebenen.

Günther wusste natürlich damals nicht, was in dem Brief stand. Das erfuhr er erst Jahre später, nach der Niederlage Deutschlands im Frühjahr 1945 und dem Tode von Pastor Bodelschwingh im Januar 1946. Als die beiden Briefe endlich bekannt gemacht wurden, fiel es Günther auf, wie kühl, kurz und knapp die Antwort wirkte im Vergleich zu dem eindringlichen langen Brief, den er damals für Pastor Fritz zur Post gebracht hatte. Die Antwort lautete folgendermaßen:

Sehr geehrter Herr von Bodelschwingh!

Der Herr Reichsmarschall hat Ihr Schreiben vom 6. Januar d. Js. persönlich gelesen. Die angestellten Erkundigungen haben ergeben, dass Ihre Angaben teilweise ungenau, größtenteils unrichtig sind.

Herr Reichsmarschall hat Herrn Dr. Brandt, Berlin, gebeten, Ihnen die notwendigen Aufklärungen zu geben. Herr Dr. Brandt wird mit Ihnen persönlich die Verbindung aufnehmen.

Heil Hitler!

Bodenschatz

So ungnädig dieser Brief auch war, er lieferte Pastor Fritz doch einen Namen: Dr. Brandt. Womöglich war das der maßgebende Mann. Also reiste Pastor Fritz wieder nach Berlin. Als er von dort zurückkam, tippte Günther gerade einen Brief für Frau Julia auf der Schreibmaschine. Ohne es zu wollen, hörte er dabei mit, was Pastor Fritz zu seiner Frau sagte:

»Wir können hoffen, Julia, wir können hoffen! Dr. Brandt ist Hitlers Hausarzt und hat, glaube ich, einigen Einfluss auf ihn. Er hat versprochen, nach Bethel zu kommen und mit mir zu reden. Drüben in Berlin kann ich nicht mit ihm reden, zwischen all den Kerlen in Uniform, die die Hacken zusammenschlagen, ›Heil Hitler!‹ rufen und so weiter. Er hat mir auch versprochen, dass man in Bethel nichts unternehmen wird, solange er nicht hier gewesen ist.«

Der Winter in Westfalen ist zwar kaum jemals eisig kalt, dafür aber oft bedrückend und nasskalt. Im Februar kündet sich schon kräftig der Frühling an: Die Buchenstämme schimmern grüner, die Knospen schwellen; Tulpen, Krokusse und Narzissen strecken ihre Spitzen aus der Erde hervor. Und nirgends wird der Frühling freudiger begrüßt als in Bethel, denn ein kindliches Gemüt liebt das Künftige, das sich mit dem Frühling andeutet. Nur »fertige« Gemüter sind des Künftigen schon überdrüssig, ehe es da ist. Doch in diesem Jahr war alle Freude über die Anzeichen des Frühlings ausgelöscht durch die Angst, dass viele den nächsten Frühling nicht mehr erleben würden. Wie ein dicker Nebel hatte sich diese Angst auf Bethel gelegt.

»Die ärztliche Mordkommission kann jeden Tag hier sein«, sagte Klaus – es war Mitte Februar. »Ich weiß das, es steckt mir in den Knochen.«

»Ich habe noch heute Nachmittag meine Knochen gefragt, mir haben sie nichts davon gesagt«, meinte Günther in einem Versuch, die Sache scherzhaft zu behandeln.

»Entschuldige, Günther, aber deine Knochen sind so stur und

unempfindlich wie Pflastersteine«, sagte Klaus nicht eben freundlich.

Günther wurde ganz aufgebracht. Am liebsten hätte er Klaus gesagt, was er, Günther, aus sicherer Quelle wusste: In Bethel würde nichts passieren, solange nicht Dr. Brandt, Hitlers Hausarzt, da gewesen war und persönlich mit Pastor Fritz gesprochen hatte. Aber ein zuverlässiger Bote war ja kein Klatschmaul. Nicht einmal seinem besten Freund würde er irgendetwas erzählen, was er in Haus Burg erfahren oder zufällig gehört hatte. Jedenfalls nicht jetzt, nicht eher, als bis alles öffentlich bekannt war.

Als Günther am Morgen des 19. Februar in den Garten und vor das Arbeitszimmer von Pastor Fritz kam, sah er, dass der Pastor nicht da war. »Ob er wohl wieder nach Berlin gefahren ist?«, überlegte er und ging ins Haus. Er wollte Frau Julia begrüssen und sie fragen, was es heute für ihn zu tun gäbe. Aber Frau Julia war auch nicht da. Niemand von der großen Hausgemeinschaft, die bei Bodelschwinghs wohnte und aß, war da. Der Frühstückstisch sah aus, als wären alle eilig aufgebrochen. Auf den Tellern lagen noch die mit Butter bestrichenen halben Brötchen. Die Servietten waren nicht wieder in die Serviettenringe gesteckt, die Stühle nicht an den Tisch zurückgeschoben. Günther fühlte, wie die Angst ihm die Kehle zuschnürte. War etwa die Gestapo gekommen und hatte Pastor Fritz verhaftet? Vielleicht konnte ihm unten in den Büros jemand sagen, was los war.

Als Günther die Treppe herunterging, kamen ihm alle entgegen. Pastor Fritz, aschfahl und zitternd, eilte wortlos an ihm vorbei und weiter hinauf zu seinem Arbeitszimmer. Hinter ihm kamen Frau Julia, Schwester Frieda, die Schwester von Pastor Fritz, und die anderen, mit vor Angst und Schmerz verfallenen Gesichtern.

»Günther, sie sind da!«, sagte Frau Julia.

Günther brauchte nicht zu fragen, wer da war!

»Achtzehn Ärzte und achtzehn Sekretärinnen. Ihre Schreibmaschinen haben sie mitgebracht«, sagte die Sekretärin von Pastor Fritz. Sie stand noch ganz unter dem Schock, denn erst vor einer halben Stunde waren sie ohne Anklopfen hereingeplatzt.

»Er hat doch versprochen! Er hat versprochen!«, rief Pastor Fritz; er war wieder aus seinem Arbeitszimmer herausgekommen und stand oben an der Treppe.

»Fritz! Ach Fritz!«, seufzte Schwester Frieda. »Ich weiß nicht, wen du meinst, aber du hast dein Leben lang immer den Menschen zu sehr getraut!«

»Ich werde sofort an ihn schreiben. Günther, du kannst den Brief dann zur Post bringen. Oder soll ich nach Berlin fahren und unter vier Augen mit ihm reden? Julia, was soll ich tun? Ach, was nützt es denn schon, irgendetwas zu tun! Was haben denn all meine Briefe, all die Fahrten nach Berlin genützt! Jetzt ist alles verloren. Alle sind sie verloren – alle meine Patmos-Kinder! Alle meine Bethel-Kinder, die ihre Fragen nicht gehörig beantworten können. Verloren! Verloren!«

Pastor Fritz ging wieder in sein Arbeitszimmer und schloss die Tür. Frau Julia und Schwester Frieda sahen sich an. Jetzt galt ihre Sorge dem niedergeschmetterten, zerschlagenen Ehemann und Bruder.

Schwester Frieda war die Erste, deren Gesicht sich entspannte.

»Günther«, sagte sie, »geh hinaus in den Garten und singe ihm ein Lied, ganz wie jeden Morgen.«

Durch die Fenster, die nach dem Garten hinausgingen, konnte Günther Pastor Fritz sehen. Er saß an seines Vaters Schreibtisch und hatte den Kopf auf die Arme gelegt. Noch nie hatte er einen so niedergeschlagenen, so vernichteten Eindruck gemacht. Günther wusste: Wenn er nicht sofort zu singen anfing, würde er – Günther – in heftige Tränen ausbrechen, und das durfte er nicht. Dazu hatten Frau Julia und Schwester Frieda ihn nicht in den Garten geschickt, dass er dort losheulte! So fing er an: »Befiehl du deine Wege …« Er sang langsam, er gab jedem

140

Wort, jeder Silbe ihr volles Gewicht. Er konzentrierte sich beim Singen so sehr auf den Text, dass die Melodie darunter litt. Ihm ging es um die Botschaft, die unbedingt irgendwie bis in jene Verzweiflung vordringen musste.

Günther hatte noch keine zwei Zeilen gesungen, da stand Pastor Fritz auf und trat ans Fenster. Und so sonderbar sah er ihn an, dass Günthers Stimme ins Schwanken geriet und dann ganz verstummte. Es war, als sähe ihn ein völlig fremder Mensch zum ersten Mal und schätzte ihn dabei ab. Plötzlich empfand Günther, wie unschön sein entstellter Körper war, wie unschön seine raue Stimme, die fast ebenso entstellt war wie sein Körper. Plötzlich kam es ihm ganz und gar lächerlich vor, dass er hier in diesem Garten stand und für diesen Mann ein Lied sang. Tränen brannten ihm in den Augen.

»Onkel Pastor«, rief er, wieder in die frühere Anrede aus seiner Patmos-Zeit verfallend, »warum siehst du mich so an?«

»Ich habe dich so angesehen, wie sie – die Leute von der Ärztekommission – dich ansehen werden. Ich habe dir so zugehört, wie sie dir zuhören werden. Ich habe versucht, dich so zu sehen und zu hören, wie sie dich sehen und hören werden. Denn ich fürchte, dass sie weder Augen noch Ohren haben, dich wirklich zu sehen und zu hören. Verzeih mir, Günther! Jetzt sing das Lied für mich, bitte. Und bete für mich! Bete heute unaufhörlich für mich, denn dies ist der dunkelste Tag meines Lebens, der dunkelste Tag in der Geschichte Bethels.«

Und Günther – der Günther, wie er sich jetzt in den Augen von Pastor Fritz wiederfand – sang das Lied von Paul Gerhardt. Pastor Fritz saß in seinem großen Ledersessel, hatte den Kopf auf die Hände gestützt und lauschte.

>»Befiehl du deine Wege
> und was dein Herze kränkt
> der allertreusten Pflege
> des, der den Himmel lenkt.

Der Wolken, Luft und Winden
gibt Wege, Lauf und Bahn,
der wird auch Wege finden,
da dein Fuß gehen kann.

Dem Herren musst du trauen,
wenn dirs soll wohl ergehn;
auf sein Werk musst du schauen,
wenn dein Werk soll bestehn.

Mit Sorgen und mit Grämen
und mit selbsteigner Pein
lässt Gott sich gar nichts nehmen,
es muss erbeten sein.«

Als Günther nachher zur Bäckerei ging (»das Leben geht weiter«, hatte Frau Julia gesagt), traf er unterwegs Otto.

»Ich bitte dich, bete heute für Pastor Fritz!«

»Wieso heute?«, fragte Otto. »Ist er krank?«

»Nein, aber er kämpft gegen etwas furchtbar Böses, das uns allen hier in Bethel Schaden antun will. Heute muss er siegen, oder der Kampf ist verloren.«

»Ich werde beten«, gab Otto ruhig zur Antwort.

»Rate mal, was ich weiß!«, sagte Klaus, als er Günther beim Mittagessen in Haus Gaza mit Linseneintopf fütterte. »Ich habe die Ehre, als Erster von Haus Gaza vor die Ärztekommission zu kommen. Punkt eins in Haus Hebron.«

Günther würgte und musste husten. Gelassen wischte Klaus sich selbst und Günther die Suppenspritzer aus dem Gesicht und vom Hemd ab. »Immer schön sachte, Günther! Du wirst all deinen Verstand zusammennehmen müssen, wenn du selbst drankommst.«

»Um dich sorge ich mich doch, Klaus! Versprich mir, dass du nicht widerspenstig und unbesonnen sein wirst! Sag ja nicht irgendetwas, wofür sie dich auf die . . .«

»Auf die Todesliste setzen? Keine Angst, Günther! Ich hab mir schon alles genau zurechtgelegt. Ich werde munter hereinmarschiert kommen, den rechten Arm zackig nach vorn ausgestreckt. Wenn sie dann auch alle den rechten Arm heben und ›Heil Hitler‹ sagen, dann werde ich sagen: ›Soo hoch liegt der Schnee diesen Winter unten in Berchtesgaden!‹«

»Nein, Klaus, du wirst doch nicht!«

»Na, ich könnte ja!«

»Klaus!!«

»Komm, halt den Mund, sei ein artiger kleiner Junge und iss deine Suppe!«

Als das Mittagessen vorbei war und Günther wieder nach Haus Burg zurückkam, fand er dort alle in einer neuen, einer ganz anderen Erregung und Unruhe. Frau Julia brachte es nicht fertig, ihre Gedanken zusammenzunehmen und zu überlegen, was für Botengänge es jetzt für Günther zu tun gäbe.

»Dr. Brandt ist hier! Gleich nach Tisch ist er gekommen, gänzlich unangemeldet. Und er hatte keine Ahnung, dass die Ärztekommission in Bethel ist. Du hättest bloß mal sein Gesicht sehen sollen, als er das gehört hat! Also hat er doch nicht sein Versprechen gebrochen. Jetzt sind sie gerade beide im Arbeitszimmer und reden miteinander. Ach Günther, von diesem Gespräch hängt alles ab. Alles! Ich glaube, das Wichtigste, was du jetzt tun kannst, ist, still in deinem Zimmer zu beten. Um vier Uhr kannst du zum Treibhaus gehen und zwei Dutzend Osterglocken holen. Die sollen uns an den Frühling erinnern, daran, dass es wirklich einen Frühling gibt.«

Ehe Günther nach Haus Gaza zurückging, stieg er erst den Berg hinauf zur Zionskirche und betete dort. Als er eine Stunde später den Kirchplatz im Wald überquerte, traf er Pastor Kuhlo; der lief so schnell daher, dass sein schwarzer Umhang im Winde flatterte. Nichts deutete darauf hin, dass dieser verblüffend tatkräftige »General der Bläserchöre« schon drei Monate später nicht mehr am Leben sein würde.

»Günther, mein Junge, wir treffen uns ja ungefähr da, wo wir uns vor Jahren zum ersten Mal getroffen haben. Wie alt bist du jetzt? Zwanzig?«

» Siebenundzwanzig, Herr Pastor.«

»Siebenundzwanzig! Ja, dann muss ich dich in meinen Gedanken umschreiben, von der Knabenstimme auf die Männerstimme.« Pastor Kuhlo lachte leise; doch nach einem langen, eindringlichen Blick auf Günther wurde er plötzlich nachdenklich. »Wenn ich dich sonntags zusammen mit deinem Freund Klaus in der Kirche sehe, muss ich an zwei scharfäugige Adler denken. Aber weißt du, heute siehst du aus wie eine trübselige Krähe. Was ist denn, Günther?«

»Alles geht quer, Herr Pastor! Alles! Pastor Fritz ist bei Dr. Brandt, und Klaus ist bei der Ärztekommission.«

»Vielleicht sollte ich hinuntergehen und draußen vor Haus Burg dieses gute Kampflied spielen«, sagte Pastor Kuhlo und setzte seine Posaune an:

>»Zeuch an die Macht, du Arm des Herrn,
wohlauf und hilf uns streiten!
Noch hilfst du deinem Volke gern,
wie du getan vorzeiten.
Wir sind im Kampfe Tag und Nacht;
o Herr, nimm gnädig uns in Acht
und steh uns an der Seiten!«

Während die letzten Töne über dem Zionsberg verklangen, sagte Günther ruhig: »Das Lied passt wirklich fabelhaft, Herr Pastor Kuhlo. Wir sind tatsächlich ›Im Kampfe Tag und Nacht‹. Trotzdem glaube ich, dass jetzt vielleicht nicht der richtige Augenblick dafür ist, dieses Lied vor Haus Burg zu spielen.«

Als Günther wieder nach Haus Gaza und in sein Zimmer kam, lag Klaus mit geschlossenen Augen auf dem Bett.

»Schläfst du, Klaus?«, flüsterte Günther leise.

»Nein, ich bin tot.«

»Bitte, Klaus!«

»Ehrlich! Ich bin so gut wie tot.«

»Ach Klaus! Bist du unbesonnen und widerspenstig gewesen? Hast du sie verärgert?«

Klaus öffnete die Augen und brach in lautes Lachen aus. »Wenn ich mir's so überlege, Günther, das war eine hinreißende Antwort, die ich ihnen gegeben habe! Auf die konnte bloß ein Genie kommen. Bist du dir darüber klar, dass du mit einem Genie zusammenlebst?«

»Klaus«, fragte Günther in wahnsinniger Erregung, »was hast du gesagt?«

»Sie haben mich gefragt, was ich von unserem Führer halte, und da habe ich auf der Stelle einen Anfall gekriegt. Was meinst du, Günther, der war wirklich tadellos. Nach dem, was Bruder Rolf sagt – er hat mich hierher zurückgebracht –, war der ganz erstklassig! Ich bin hingeknallt, habe geschrien wie ein Pfau, habe um mich geschlagen wie ein Huhn, dem man den Kopf abgeschnitten hat, und der Schaum stand mir vor dem Mund. Die hübsche Sekretärin, die sich schon bereitgemacht hatte, meine Antwort auf der Schreibmaschine zu tippen, ist aus dem Zimmer gelaufen. Findest du nicht auch, dass dies eine passende Antwort auf so eine Frage war?«

Klaus drehte sich mit dem Gesicht zur Wand. »Na, dann gute Nacht, Günther. Wecke mich, wenn der Bus kommt und uns abholt zum Vernichtungslager. Es lohnt sich ja nicht, uns am Leben zu erhalten.«

Günther ließ sich auf sein Bett fallen. Es war ihm so, als ob die ganze Welt einen epileptischen Anfall hätte, als ob niemand sie in der Gewalt hätte, niemand sie leitete. Er sank auf sein Kissen zurück und schloss erschöpft die Augen. Sollte die Welt doch in Trümmer gehen! Es würde so gut sein, das alles hinter sich zu haben. Völliges Dunkel. Für immer und ewig. Nie wieder zu Bewusstsein kommen. Kein Aufwachen mit Katzenjammer.

Eine kurze Weile war Günther so lebensmüde, dass ihm alles

vor den Augen verschwamm, als er sie endlich wieder öffnete. Die Gegenstände im Raum flimmerten matt, bald nahm er sie wahr und bald nicht. Der Käfig mit dem Kanarienvogel erschien, verschwand und erschien wieder – der stumme Kanarienvogel war ein trüber, mattgelber Fleck. Aber ein Gegenstand glitt in sein Bewusstsein, entglitt ihm, glitt von neuem hinein und blieb schließlich da, als hinge er vor ihm in der Luft. Und das war sein Konfirmationsspruch, von einem Betheler Künstler schön geschrieben, von einem Betheler Handwerker gerahmt; er hing neben seinem Bett an der Wand:

>»Mit ewiger Liebe habe ich dich geliebt;
>darum habe ich dich zu mir gezogen aus Güte.«

Die Worte schienen aus dem Rahmen herauszugleiten und vor seinen Augen zu schweben, mit einem Strahlenkranz ringsum, der keine gemalte Vergoldung war. Günther starrte verwundert darauf, jetzt war er hellwach und völlig klar. Hatte diese ewige Liebe ihn jemals verlassen? Nein, bestimmt nicht! Würde eine solche ewige Liebe ihn jemals aufgeben und loslassen? Niemals! Sicher, die Menschenwelt war erschüttert, aber sie würde nicht zerbrechen! Der Gott der ewigen Liebe würde die Menschen auch aus diesem Krampfanfall des Hasses retten. Wie hatte er nur je daran zweifeln können!

Das Leuchten verblasste, der Spruch hing wieder in seinem Rahmen an der Wand, und alles im Zimmer war ganz wie sonst. Günther drehte sich auf die Seite, zu Klaus hin:

»Du, Klaus?«

»Ist der Bus schon da?«

»Es kommt kein Bus.«

Klaus wandte sich zu Günther und sah ihn an.

»Wer sagt das?«

»Pastor Fritz spricht jetzt in diesem Augenblick mit dem Mann, der in dieser ganzen entsetzlichen Angelegenheit die Schlüsselposition einnimmt, mit Dr. Brandt. Der ist Hitlers Hausarzt und ...«

»Du meinst, es war Dr. Brandt, der heute die Ärztekommission hierher geschickt hat, damit sie die Todesliste aufstellt?«

»Nein, er wusste gar nichts davon, dass die heute nach Bethel kommen würde.«

»Dann muss ich sagen, es ist ein ziemlich miserabler Schlüssel und passt nicht ins Schloss.«

»Aber er hat wirklich eine Schlüsselposition! Vor kurzem habe ich einen Brief von Pastor Fritz an Reichsmarschall Göring zur Post gebracht. Ich wette, Göring hat Dr. Brandt heute nach Bethel geschickt, damit sie hier die ganze Sache mit der Aktion Gnadentod besprechen.«

»Nenn sie bitte nicht mit diesem hübschen Namen. Wenn du ein faules Ei auch eine Rose nennst – es stinkt trotzdem. Gib der Sache den Namen, den sie verdient – Mord.«

»Pastor Fritz wird Dr. Brandt für seine Auffassung gewinnen. Es wird ein hartes Wortgefecht sein. Nicht laut und heftig, sondern ruhig und überzeugend – wie Pastor Fritz eben ist. Die Worte von Pastor Fritz werden mit den Worten von Dr. Brandt ringen. Zuletzt werden die Worte von Pastor Fritz den Sieg davontragen.«

Klaus setzte sich auf und streckte die Beine aus dem Bett. Er beugte sich zu Günther hinüber. Seine dunklen Augen blitzten. »Ein wunderschönes Bild! Du bist der reine Poet, Günther. Aber ich nicht, ich kann das nicht so sehen. Was kann Pastor Fritz denn schon zu einem fanatischen Nazi sagen, damit der seine Meinung ändert? Hitler glaubt, dass er diesen Krieg gewinnt. Und wenn auch ganz Deutschland in rauchenden Trümmern liegt, er wird immer noch glauben, dass er diesen Krieg gewinnt. Fanatiker lassen sich eben nicht überzeugen.«

»Aber vielleicht ist Dr. Brandt kein fanatischer Nazi! Vielleicht ist er ein vernünftiger Mensch. Vielleicht ist er einer von der alten Schule, wie man das nennt. Pastor Fritz wird ihm alle Beweise dafür zeigen, dass Leute aus anderen Anstalten weggeholt und getötet worden sind.«

»Sei doch nicht so dumm! Was werden denn alle Beweise der Welt nützen? Dr. Brandt glaubt, dass die Unheilbaren und die geistig Behinderten ausgerottet werden müssen. Er ist wissenschaftlich geschult, und nach seinen wissenschaftlichen Grundsätzen ist die Menschheit besser dran, wenn sie uns los ist.«

»Weiter, Klaus . . .«

»Was willst du damit sagen – ›weiter, Klaus‹?«

»Wenn du meinst, dass du weißt, was Dr. Brandt sagen wird, na gut, dann mach weiter und sag es. Ich bin neugierig auf deine Beweisführung. Aber sei nicht sarkastisch und bitter, denn so würde Dr. Brandt nicht zu Pastor Fritz sprechen, glaube ich.«

Klaus' Stimme klang plötzlich hart: »Hör mal, wir beide sind doch keine Kinder mehr! Über Spiegelfechterei und geistige Kriegsspiele sind wir hinaus. Und erst recht darüber, unser Sterben als Spiel zu behandeln. Es geht um unser Sterben, Günther, um dich, den Krüppel, und um mich, den Epileptiker.«

Jetzt war es Günther, der die Beine aus dem Bett streckte und mit blitzenden Augen Klaus ansah.

»Ich will keine Späße und Spiele vorschlagen, Klaus. Ich will einen Ringkampf vorschlagen zwischen – zwischen –, nun, zwischen einer Gesinnung wie der von Pastor Fritz, die durch die Liebe Jesu Christi bestimmt ist, und einer Gesinnung wie der von Dr. Brandt, mit lauter geschickten und höchst vernünftig klingenden Gründen. Du hast unbedingt Recht: Es ist ein Kampf auf Tod und Leben. Und es geht nicht nur um dich und mich, oder etwa um uns alle hier in Bethel. Diese Auseinandersetzung wird weiter – und immer weitergehen, überall auf der Welt, solange es Menschen gibt.«

»Ich verstehe! Ich verstehe!« Vor lauter Aufregung sprang Klaus in die Höhe. »Wenn etwas so Wichtiges vorgeht, dann müssen wir beide uns auch beteiligen!«

»Ich habe um diese Sache gebetet. Eine ganze Stunde lang habe ich in der Zionskirche gekniet. Jetzt will ich sie durchdenken. Ich will versuchen, mir zu überlegen, was Pastor Fritz wohl zu Dr. Brandt sagen wird.«

»Und ich werde antworten, so, wie ich mir denke, dass Dr. Brandt antwortet. Weiß der Himmel, ich habe im Radio genug von ihrer so genannten Weltanschauung zu hören gekriegt. Also, es geht los!«

»Mein lieber Pastor von Bodelschwingh!« Klaus sprach jetzt ganz höflich und in liebenswürdigem Ton. »Ich kann Ihre Sorge um die Leute hier in Bethel gut verstehen. Aber bitte versuchen Sie doch zu begreifen, dass wir in unserer Nation nur die allerschlimmsten Fälle ausmerzen wollen, nur solche, die ohne jeden Wert für die Gesellschaft sind, die nicht nur unfähig sind, auch nur etwas zur völkischen Wirtschaft beizutragen, sondern die noch dazu für unsere Nation eine schreckliche Belastung darstellen. Sie belegen die Betten, die wir für unsere verwundeten Soldaten brauchen. Sie nehmen die Nahrung zu sich, die unsere normalen, schaffenden Volksgenossen verzweifelt nötig haben. Ja, ich habe gehört, die Epileptiker hätten eine geradezu gierige Esslust. In ihren Verdauungsorganen gluckert und wirbelt und zischt es nur so vor Hunger, wenn sie einen Anfall hinter sich haben. Sie verlangen schreiend nach Nahrung. Diese nutzlosen Epileptiker nehmen den nützlichen Gesunden das Essen vor dem Munde weg.«

»Jetzt bist du aber Klaus und nicht Dr. Brandt!«, unterbrach ihn Günther.

»Hast Recht. Entschuldige. – Um es kurz zu machen, mein lieber Herr Pastor von Bodelschwingh, unserer Ansicht nach bedeutet die Pflege gänzlich nutzloser Menschen eine empörende Vergeudung von Lebensmitteln, Raum, Geld und Arbeitskräften. Diese Menschen, und nur diese, werden nach den von unseren besten medizinischen Fachleuten festgelegten Richtlinien ausgemerzt.«

Günther legte einen Augenblick den Kopf auf die Arme, dann sah er auf und blickte Klaus an. »Sie sprechen von Richtlinien,

Herr Dr. Brandt, nach denen die Nutzlosen ausgemerzt werden sollen. Sprechen Sie von unbrauchbaren Maschinen, die man nicht mehr instand setzen kann – oder von Menschen? Wenn Sie von Menschen sprechen, dann sind Ihre Richtlinien unmenschlich. Und es ist auch unmenschlich, wenn man einigen Menschen dadurch helfen will, dass man andere Menschen ermordet. Woher nehmen Sie das Recht, unmenschlich zu sein, um einigen Menschen zu helfen?«

»Wenn Sie von Menschlichkeit reden wollen, dürfte ich Sie dann wohl fragen, ob an solchen Geschöpfen irgendetwas Menschliches ist? Hat das Leben denn für diese armen Kreaturen, die ohne eine Spur von Verstand zur Welt gekommen sind, irgendeinen menschlichen Wert? Oder für die schrecklichen Missgeburten? Bedeutet ihnen ihr Leben auch nur das Geringste, gemessen an dem Leben, wie wir es führen? Haben sie denn eine Spur von Freude an ihrem Leben? Sind sie nicht besser dran, wenn ihr Leben vorbei ist?«

»Ihre Fragen müssen eine nach der anderen beantwortet werden. Als Erstes darf ich sagen, dass diese Kinder ebenso gut Gottes Kinder sind wie Sie und ich.«

»Wenn das so ist, wahrhaftig, dann hat Ihr Gott einige sehr erschreckende Abkömmlinge.«

Günther zog zischend die Luft ein, dann ließ er sie langsam wieder entweichen. »Wenn Dr. Brandt wirklich etwas dermaßen Lästerliches sagen würde, dann ginge Pastor Fritz wahrscheinlich mit keinem Wort darauf ein. Sein Vater hat ihm einmal gesagt, er solle nie versuchen, Glaubenslose oder Lästerer durch Diskutieren zu überzeugen, sondern einfach von seinem eigenen Glauben sprechen.«

»Okay, dann geh also nicht darauf ein. Ich glaube, Sie sind dran, Herr Pastor von Bodelschwingh!«

»Nach dem, was Sie sagen, Herr Dr. Brandt, gibt es Menschen, die keine Menschen im eigentlichen Sinne sind. Ihre Richtlinien sollen darüber entscheiden, wer ein Mensch ist und wer nicht; diejenigen, die danach keine Menschen sind, sollen sterben. Würden Sie solche Richtlinien als menschlich bezeichnen?«

»Ja, denn das Leben, das diese armen Kreaturen führen, nenne ich nicht menschlich.«

»Und wo ist die Scheidelinie? Wann ist das Leben eines Menschen nicht mehr menschlich?«

»Wenn er nicht als Mensch auf einen anderen Menschen reagieren kann. Wenn er nicht fähig ist, zu irgendjemandem eine menschliche Beziehung zu haben.«

»Herr Dr. Brandt!« Günthers Stimme klang frohlockend vor Siegesgewissheit. »Das kann man nicht einmal von den Schwächsten an Geist und Leib hier in Bethel behaupten. Ich muss sagen, einem solchen Geschöpf bin ich noch nie in meinem Leben begegnet, und ich habe mein ganzes Leben hier in Bethel verbracht. Wenn Sie so etwas von irgendeinem hier in Bethel sagen sollten, Herr Dr. Brandt – dann, fürchte ich, müsste ich *Sie* fragen, ob Sie zu einer menschlichen Beziehung mit anderen Menschen fähig sind.«

»Bravo, Günther, bravo!«

»Sie vergessen sich, Herr Dr. Brandt«, sagte Günther trocken. »Dann würde Pastor Fritz, glaube ich, von seinen Patmos-Kindern sprechen. Er würde Dr. Brandt einige seiner erstaunlichen Erfahrungen schildern, dass Patienten wie durch ein Wunder auf die Liebe ansprachen, die ihnen entgegengebracht wurde . . .«

»So wie du.«

»So wie ich. Und dann, denke ich, würde er . . .«

»Sie vergessen sich, Herr Pastor von Bodelschwingh!«

»Deshalb, Herr Dr. Brandt, kann kein Machthaber dieser Welt einen Maßstab festlegen, der entscheidet, was menschlich ist, welches Menschenleben es wert ist, erhalten zu werden, und welches nicht. Einzig und allein Gott kann uns diesen Maßstab geben. Und er hat ihn uns gegeben, Herr Dr. Brandt. Die Antwort auf die Frage nach dem Wert des menschlichen Lebens ist Jesus Christus. Einmal dadurch, dass er selbst Mensch wurde. Und wem galt die Liebe und tätige Zuwendung Jesu Christi während seines Erdenlebens vor allen anderen? Sagen Sie mir das, Herr Dr. Brandt!«

»Ich ziehe es vor, zu dieser Frage zu schweigen, Herr Pastor von Bodelschwingh.«

»Herr Dr. Brandt, vor der Antwort auf diese Frage müssen wir alle verstummen. Die Armen und Elenden, die Hilflosen und Einsamen, die Kranken, Krüppel und Epileptiker – gerade sie galten etwas nach Christi Maßstab auf unserer Erde. Sein Maßstab ist auch heute noch der gleiche. Es ist der Maßstab, nach dem wir uns hier in Bethel richten. Wir können hier keine anderen Richtlinien zulassen als den Maßstab Gottes, denn für uns hier in Bethel ist Gott der Herr!«

»Da müsste ich wie der König Agrippa sagen: ›Nächstens überredest du mich, als Christ aufzutreten‹«, sagte Klaus, und aus seinen Augen sprach reine Bewunderung. »Ich hätte es in der Rolle von Pastor Fritz nicht besser machen können«, setzte er schelmisch hinzu. »Aber du hattest ja auch die bessere Sache zu vertreten, und ich habe kein bisschen an meine Sache geglaubt. Außerdem: Du siehst und hörst Pastor Bodelschwingh jeden Tag, aber ich habe Dr. Brandt nie im Leben gesehen, ich will es auch gar nicht. Noch dazu . . .«

»Du gibst zu, dass du verloren hast!«, sagte Günther lachend.

»Nein«, sagte Klaus, »ich habe nicht verloren. Ich habe gewonnen – mein Leben.«

Gegen halb fünf Uhr kam Günther wieder nach Haus Burg, beladen mit einer Menge gelber Osterglocken. Frau Julia war wieder ganz sie selbst, sie empfing ihn und die Osterglocken mit offenen Armen.

»Jetzt brauchen wir die Osterglocken nicht mehr dafür, dass sie unsere Stimmung heben, Günther. Jetzt bezeichnen sie un-

152

sere Stimmung, jetzt feiern wir unsere Stimmung durch sie. Hol mir bitte den Zinnkrug und die Tonschale, ich will einen Strauß für das Wohnzimmer zurechtmachen und einen für das Esszimmer.«

Mit geschickter Hand ordnete Frau Julia die Blumen; dabei sprach sie frohlockend weiter. »So ein langes Gespräch war das! Drei Stunden lang, ohne Unterbrechung! Als die erste Stunde um war, habe ich ihnen Tee gebracht, da haben sie beide hin und her geredet. Aber eine Stunde später, als ich den Teewagen wieder herausholte, war Dr. Brandt ziemlich still geworden. Und Pastor Fritz – ach Günther, wenn du ihn da gehört hättest! Ich glaube wahrhaftig, sogar Eisberge würden zerschmelzen, wenn Pastor Fritz so zu ihnen spräche! Und weißt du, Günther, dass Otto in den Garten gekommen ist und dass er da draußen stand, als ich den Teewagen zur Tür herausschob? Und dass er die ganze letzte Stunde, die sie zusammen sprachen, schweigend dastand? Als Dr. Brandt wieder fort war, ist Pastor Fritz zu Otto herausgekommen und hat ihn gefragt: ›Wolltest du etwas von mir, Otto?‹ Da hat Otto gesagt: ›Nein, Herr Pastor; Sie sollten nur wissen, dass wir heute alle hinter Ihnen stehen.‹ Weißt du, was Pastor Fritz zu mir gesagt hat? ›Mit Günthers Singen am Morgen, mit Ottos Wachestehen, mit dem Gebet aller – wie hätten wir da den Kampf verlieren können!‹ Guck mal, findest du, dass sie so hübsch aussehen? Diese Tonschale voll Osterglocken ist für das Wohnzimmer. Pastor Fritz ist jetzt dort, er ruht sich bis zum Abendessen aus. Aber wenn er dich sieht, freut er sich immer. Willst du bitte mit den Osterglocken zu ihm tanzen?«

»Ich – tanzen?«

Frau Julia war erstaunlich, aber das war doch beinah gar zu erstaunlich!

»Ja, Günther«, sagte sie und gab ihm einen liebevollen Klaps auf die Schulter, »ich finde, dass du dich wie ein Ballett-Tänzer bewegst.«

153

Günther hoffte, er könnte die Schale mit den Osterglocken ganz still auf den Mitteltisch stellen und sich unbemerkt wieder davonmachen, aber Pastor Fritz öffnete die Augen. Sein Lächeln ließ die müden Falten aus seinem Gesicht verschwinden.

»Schön, dass du da bist, Günther. Ich möchte dir dafür danken, dass du gerade heute dieses Lied gesungen hast. Weißt du, Günther, heute habe ich den härtesten Kampf meines Lebens gekämpft.«

Als Günther die Tür von Haus Burg hinter sich zugezogen hatte und auf dem Heimweg nach Haus Gaza unterwegs war, blieb er zwischendurch stehen und schaute zum Himmel auf. Ob heute Nacht die englischen Bomber kommen würden? Wie wenig Schutz bot dieses Haus »Burg«, diese »Festung« vor ihnen! Und doch: In jenem anderen Krieg zwischen zwei Auffassungen vom Menschen, zwischen einer christlichen und einer heidnischen Auffassung vom Menschen, welch eine starke Festung war dieses Haus da für Bethel, ja für ganz Deutschland! Welch eine starke Festung für die ganze Welt!

Nachwort

Fünfunddreißig Jahre sind vergangen seit jenem Tage, an dem Pastor Fritz von Bodelschwingh den härtesten Kampf seines Lebens kämpfte und ihn gewann – den Kampf, mit dem er die körperlich und geistig schwer behinderten Patienten davor bewahrte, durch eine Regierung, die solche Menschen für »lebensunwert« hielt, getötet zu werden. Der von Hitler begonnene Weltkrieg endete im Frühjahr 1945. Pastor Fritz von Bodelschwingh starb am 4. April 1946.

Dr. Karl Brandt, Hitlers Hausarzt, dem man die Verantwortung für die »Aktion Gnadentod« übertragen hatte, wurde in den Nürnberger Prozessen verhört, schuldig gesprochen und zum Tode verurteilt. In seiner letzten Äußerung nach dem Schuldspruch erklärte Dr. Brandt, er wünschte, Pastor Fritz von Bodelschwingh wäre noch am Leben, denn er könnte und würde ihnen allen sagen, dass Dr. Brandt nicht der Unmensch sei, als den ihn seine Ankläger hingestellt hatten.

Der Kampf um das Leben der körperlich und geistig schwer Behinderten ist mit der Niederlage des Nazi-Regimes, dem Tode Hitlers, der Verurteilung und Hinrichtung von Dr. Brandt noch nicht zu Ende. Dieser Kampf geht weiter in unserer Welt, und er wird weitergehen, solange es Menschen gibt, die nicht wissen, was Menschlichkeit ist, solange es Menschen gibt, die meinen, manche Lebenden seien nicht wert, dass man ihnen zu leben erlaube; oder nicht wert, geboren zu werden! Solange es Menschen mit einer solchen Auffassung gibt, solange wird es auch Kampf zwischen ihnen und jenen anderen geben, die Euthanasie und Abtreibung als Mord betrachten.

Bethel ist auch heute noch ein Tal der Kranken. Im Jahre 1972 beherbergte es insgesamt 6311 Patienten – unter ihnen Geisteskranke, geistig Behinderte oder Geistesgestörte, Alkoholkranke und Anfallskranke.

Bethel ist auch heute noch ein Tal der Heilungen, es arbeitet und wirkt heute so gut wie zuvor mit dem heilenden Wort Gottes, mit dem heilenden Geist, der heilenden Liebe. Es arbeitet auch mit den modernsten wissenschaftlichen Methoden zur Erforschung der Ursachen jener Krankheiten, die Patienten aus aller Welt dorthin führen, und zur Forschung nach Behandlungs- und Heilungsmöglichkeiten. Es ist ein weltbekanntes Forschungszentrum für Anfallskrankheiten.

Bethel ist auch heute noch ein Tal der Liebe, der Arbeit, der bildenden Kunst und Musik. Als noch niemand daran dachte, von einer Therapie durch liebende Zuwendung, durch Arbeit, durch künstlerische Betätigung und Musik zu sprechen und zu schreiben, haben die Patienten in Bethel schon längst musiziert, sich künstlerisch betätigt, sinnvolle Arbeit geleistet, haben sie Liebe gegeben und empfangen. Seit dem Tod von Pastor Kuhlo sind Jahrzehnte vergangen; aber auch heute noch wird in Bethel jeder festliche Anlass mit Chören, Blasorchestern und Mundharmonikagruppen gefeiert. Und wer auch immer auf dem Bergfriedhof von Bethel bestattet wird, den begleiten Posaunenklänge zu seiner letzten Ruhestätte.

Als dieses Buch geschrieben wird, ist Günther 63 Jahre alt und hämmert nach wie vor auf seiner Schreibmaschine Gedichte für die vielen Feste, die in Bethel gefeiert werden. Er »watschelt« nach wie vor bergauf und bergab durch das Auf und Ab der Straßen von Bethel. Er hat jetzt andere, neue Freunde; denn die ersten, die ihm ihre Liebe geschenkt haben, sind nicht mehr am Leben. Bis zu dem Tag, an dem er jenen gesegneten Menschen nachfolgen wird, die ihm die erste Vorahnung der himmlischen Heimat vermittelten – bis zu dem Tag wird Günther in Bethel weiter ein glückliches Leben führen.

In dieser Reihe sind außerdem erschienen:

Jane Grayshon
Hinter dem Schmerz die Liebe
Eine Frau erfährt im Leiden Gottes Hilfe
144 Seiten, Bestell-Nr. 221 923

Louis de Wohl
König David
304 Seiten, Bestell-Nr. 221 924

Homer E. Dowdy
Der mit den Geistern sprach
Ein Schamane findet zu Gott
192 Seiten, Bestell-Nr. 221 926

Hermann Hartfeld
Irina
Die bewegende Geschichte
einer jungen Christin in Russland
368 Seiten, Bestell-Nr. 221 927

Bruder David
Gottes Schmuggler in China
10 Millionen Bibeln für das Reich der Mitte
288 Seiten, Bestell-Nr. 221 928

J. H. MacLehose
Geheime Fracht
Zwei Liebende wagen alles für den Glauben
144 Seiten, Bestell-Nr. 221 929

Gerhard Dollinger
Für drei Pfennig allerhand
Erinnerungen eines Landarztes –
Fast lauter heitere Geschichten
144 Seiten, Bestell-Nr. 221 930